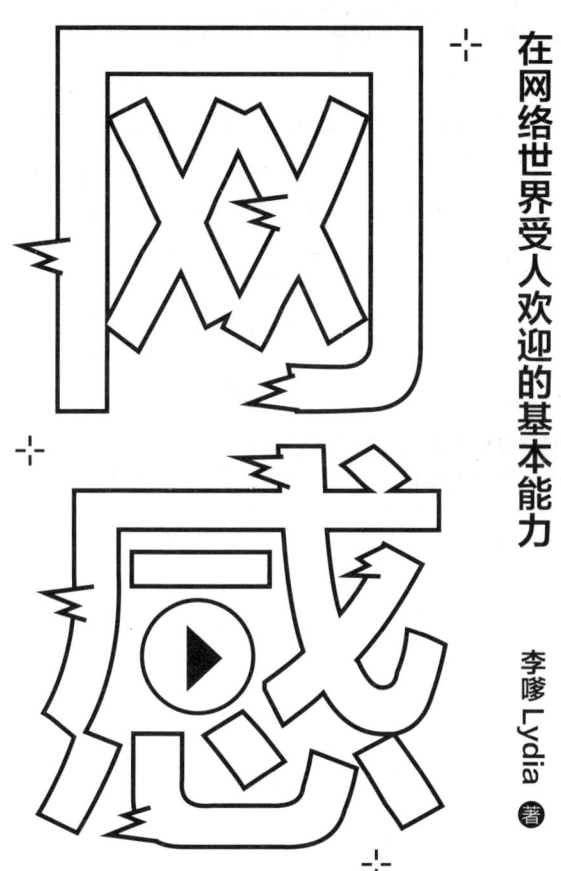

在网络世界受人欢迎的基本能力

李嗲 Lydia 著

民主与建设出版社
·北京·

© 民主与建设出版社，2022

图书在版编目（CIP）数据

网感：在网络世界受人欢迎的基本能力 / 李嗲 Lydia 著 . -- 北京：民主与建设出版社，2020.6（2022.3 重印）
ISBN 978-7-5139-3028-4

Ⅰ . ①网… Ⅱ . ①李… Ⅲ . ①网络营销 – 通俗读物 Ⅳ . ① F713.365.2–49

中国版本图书馆 CIP 数据核字（2020）第 072235 号

网感：在网络世界受人欢迎的基本能力
WANGGAN: ZAI WANGLUO SHIJIE SHOUREN HUANYING DE JIBEN NENGLI

著　　者	李嗲 Lydia
责任编辑	程　旭
封面设计	创研设
出版发行	民主与建设出版社有限责任公司
电　　话	（010）59417747　59419778
地　　址	北京市海淀区西三环中路 10 号望海楼 E 座 7 层
邮　　编	100142
印　　刷	天津旭非印刷有限公司
版　　次	2020 年 6 月第 1 版
印　　次	2022 年 3 月第 2 次印刷
开　　本	880 毫米 ×1230 毫米　1/32
印　　张	8
字　　数	160 千字
书　　号	ISBN 978-7-5139-3028-4
定　　价	42.80 元

注：如有印、装质量问题，请与出版社联系。

这本书是我真正意义上的代表作，
我将它献给你们，也献给我自己。

自序

网感：互联网世界的社交认知

根据第44次《中国互联网络发展状况统计报告》显示，截至2019年6月，我国网民规模为8.54亿，普及率为61.2%，其中手机网民规模达8.47亿，使用手机上网的人群占比高达99.1%[①]。

尤其是"95后""00后"群体，他们大多从小就接触智能设备和网络，可以说，他们是互联网世界的"原住民"。他们中大多数人的社交方式和思考逻辑都是纯互联网式的。因而，一个产品或品牌要想在当下及未来都能够保持前卫，甚至创造潮流，就必须具备这种由互联网社交习惯建立起来的思考方式及表达方式——也就是说要有"网感"。

只有这样，才能在网络世界赢得年青一代的关注与喜爱。

再具象些说，网感是什么？

是在20个公众号文章标题里你能准确地预估每个标题所对应的阅读数；

是看到一个刚刚起步的自媒体人就能预见其日后爆红的必然性；

[①] 数据来源：中国互联网络信息中心官网 http://www.cnnic.net.cn/hlwfzyj/hlwxzbg/hlwtjbg/201908/t20190830_70800.htm

网感 ▶ 在网络世界受人欢迎的基本能力

它是不用别人开口,就知道别人想要什么的同理心。

如果说这太高阶、太小众了,那么——

为什么同样是表情包,有一部分就天然地、界限分明地被划为了"中老年表情包"?

为什么众多玩转互联网世界的大佬——马云、柳传志、李彦宏等人却在互联网世界里变成被人戏谑的对象,举手投足都能衍生出无数的"梗"①和段子?

同样是微信里添加了陌生人,为什么有的人能够迅速打破僵局,获得好感,而有的人"尬聊"②了几句后便被删除或"拉黑"③?

又为什么——

"答案茶"凭借几款爆红抖音视频,就能从网红奶茶这样一个红海市场中杀出重围,连锁店迅速开遍全国?

同样是参加选秀的漂亮女孩,偏偏是最不能歌善舞也最没有背

---

① 网络用语,常出现在综艺节目中。所谓"梗"的意思是笑点,铺梗就是为笑点做铺垫,系对"哏"字的误用。
② 尬聊,网络流行语,意思是指尴尬地聊天,使气氛陷入了冰点。
③ 通常来说就是拉到黑名单、屏蔽某人言论。

自序　网感：互联网世界的社交认知

景的杨超越成了爆红全网的"锦鲤"①，成了真正意义上的"流量担当"②？

还在读大学的"何同学"③凭借手机评测视频走红B站(bilibili)，一下子甩开了众多专业科技评测者和视频行业从业者，获得多家知名科技企业的青睐？

……

毫不夸张地说，随着互联网生态的巨变，今后的时代，"得网感者得天下。"

是的，只有真正谙熟当下网络环境的社交逻辑，懂得如何释放魅力，受人欢迎，才有可能将一个产品和账号变成网红。

如今，社交媒体已经在各个方面渗透到了我们的日常生活中，而在网络上能够得体地与人交往，适时地展现自己的社交属性和人格魅力，并方便快捷地获取自己所需要的社会资源，已成为可以让每一个人都能极大受益的必备生活技能。

在如今的互联网时代，人文素养和社交礼仪都呈现出全新的伦理和演绎方式。而网感，则是每个人都需要拥有的常识。

网红有两种，一种是天生自带光芒且运气好的。这种不在我们这

---

① 网络用语，锦鲤代指一切跟好运相关的事物：如有好运的人，或可带来好运的事情。
② 网络用语，指一些明星人气很高，节目、电影里只要有他们出现就会有很多人看。
③ B站UP主。

本书的讨论范围内。而更令我感兴趣的，是更多资质尚可的60分产品，如何经过正确的运作，变成80分的网红产品。

这些，是可以通过后天习得的大众传播知识精心打造出来的。

比如，知乎上的很多厉害的人，往往是毕业于常青藤名校、985名校，三十岁左右就年入百万的业界精英。这样的人成为"大V"不稀奇——他们在寒窗苦读时就已经表现出了超越常人的资质。

但像我这样非名校毕业，毫无背景，又长相平平的普通人，是否可以通过一些技术性运营和操作，让自己在原有的起点上实现质的飞跃呢？

如今，我虽然称不上是什么真正的大网红，但是在网络上的知名度确实对我的职业、收入水平、事业发展和爱情婚姻等产生了巨大的影响。而这一点红利，完全是可以通过后天学习和努力取得的，我希望可以帮助更多人获得这项专业技能。

换个角度来考虑，即使你不想成为网红，但是如何让你的店铺更具人气，如何让自己在人群中更讨喜，如何在权益被侵害时通过新媒体发声维权，甚至看穿一些"流量杀手"背后的操作，使自己不再上当，是不是百利而无一害呢？

在我看来，一个充分具备网红素质的人应该在这几个维度达标：智商，情商，搜商，学商。希望你们在阅读本书时，能做到一边看一边实践——只有经过实践检验后的数据，才能告诉你——你是否受人欢迎。

从第一本《全栈市场人》,到第二本《跨越》,我更加近距离地接触着那些不仅关注我,还愿意付费,愿意花时间阅读,并喜欢分享的用户。

同时,我也经历过了完整闭环的重度用户获取过程,相比于冷冰冰的10万+,这些读者朋友们更容易让我知道要去往何方。

因此,我将用更加缜密的逻辑去阐述这一切,用更加贴切、更加完备的"作业体系"帮助大家真正地学好运营,研究好市场,做好品牌,提升自己对互联网发展趋势的认知。

希望每个读者都能拥有网感,在互联网这座金矿中发掘到属于自己的金子。

目录
CONTENTS

PART 1 破除错误认知,直击网感本质

1.1　不同的网络社区有哪些不一样的网感特质　　/002

1.2　会蹭网络热点就是有网感吗　　/014

1.3　如何区分良性网感与恶性网感　　/020

1.4　回到经典书籍里去寻找制胜的秘籍　　/024

PART 2 把握信息,网感助你捕捉趋势与规律

2.1　获取信息的方式是拉开差距的源头　　/032

2.2　抓住公共讨论中传递出的主流声音　　/041

2.3　成为信息源,享尽红利的唯一方式　　/043

PART 3　激活关系链，收获网感带来的社交红利

3.1　新连接，新型社交关系　　　　　　　　　/052
3.2　各族群网络住民的认知鸿沟有多大　　　　/057
3.3　如何利用网感获取更多"关注"　　　　　　/059
3.4　网感助你快速连接人脉资源　　　　　　　/063
3.5　释放超级个体的互联网能量　　　　　　　/067

PART 4　训练你的敏锐网感系统

4.1　如何快速感知热点动向　　　　　　　　　/072
4.2　快速试错，频繁迭代，提升你的网感系统　/075
4.3　网感开始飞跃的三个关键点　　　　　　　/079
4.4　三招教你抢占第一波红利　　　　　　　　/082
4.5　未来3~5年，关于趋势和机会的预测与逻辑剖析　/088

PART 5　培养网感的六大核心技能

5.1　如何打造一篇爆款文案　　　　　　　　　　/092

5.2　不可小视的排版艺术　　　　　　　　　　　/097

5.3　你拍的照片和"大V"的照片差在哪里　　　/102

5.4　"鬼畜/有毒"视频的剪辑之道　　　　　　/106

5.5　长条漫和H5的脑洞创意　　　　　　　　　/109

PART 6　穿透圈层，利用网感玩转主流社交媒体

6.1　抖音、快手、B站、直播世界生态法则一览　　/126

6.2　看懂今日头条的推荐算法，流量如探囊取物　/132

6.3　如何用好微信的私域流量　　　　　　　　　/137

6.4　微博大号是如何一步步做出来的　　　　　　/143

6.5　豆瓣，被遗忘的精神角落　　　　　　　　　/148

6.6　从零开始运营你的知乎账号　　　　　　　　/155

6.7　小红书的正确打开姿势　　　　　　　　　　/164

网感洞察：换汤不换药的全平台运营思路解析　/169

PART 7 生活中受人欢迎的秘密武器

7.1 你有自黑自嘲精神吗 /176

7.2 将你的朋友圈经营成你的作品 /180

7.3 如何化解网络失语症 /187

7.4 面试中如何体现你的网感 /190

7.5 那些擅长线上沟通的人是怎么做到的 /197

7.6 将生活变成你网络素材的宝库 /201

PART 8 网感助你打造个人品牌，成为网络世界受欢迎的人

8.1 把自己当作一款互联网产品来运营 /206

8.2 利用朋友圈营销自己，坐等资源与机会找到你 /209

8.3 运营你的个人品牌，获取你的第一拨种子用户 /212

8.4 科学搭建品牌系统，规划你的人生 /214

8.5 拥有网络资产，无成本创业的最佳途径 /221

网感洞察：过把瘾就死 VS 网红常青树 /227

附　录 /229

后记 /237

破除错误认知
直击网感本质

PART 1

1.1 不同的网络社区有哪些不一样的网感特质

2014年,"微博三大段子手"集团[①]中的一位"大佬"在看了我的微博后,拒绝了我的入伙要求,他的理由是:你的微博内容画风不稳定,而且没有网感。

2019年,一个手握众多头部IP的王牌经纪人在我的朋友圈点了7天的赞后,主动发私信给我,表示想认识我,因为她觉得我是天生的博主。

这五年里发生了什么,我说不清楚,但我知道,在专业互联网运营人士的眼里,有一种东西变了,这种说不清道不明的东西,就叫网感。

为什么同样是隔着屏幕随便打量两眼,这些人就可以一下子对我做出判断?他们还没有问我年纪多大,毕业于什么学校,是做什么的,有过什么履历、作品,也还没有见面交流过,为什么就可以如此言之凿凿地对我的社交媒体职业生涯做出评估?

[①] 2015年,白洱、售楼先生、铜雀叔叔三人签约了中国90%的职业段子手。

PART 1　破除错误认知，直击网感本质

让我慢慢道来。

说到底，近些年来，随着互联网技术的不断发展，当代人已经进入了一种全新的生存状态。网络空间的出现极大地拓宽了人们生活的新空间，一种不同于传统社区的人类生活共同体——网络社区——已经形成。

互联网用户因兴趣、地域、某一共同目标、使用习惯等原因聚集在网络的某个区域，从而形成网络关系的共同体，就像民族、国家之间存在文化差异一样，不同的网络共同体由于交流习惯、互动逻辑等方面的差异也形成了各自的特质。

对于这种特质，专业人士一般称其为网感。有网感的人，在键盘上敲下的每一个字符，选择的每一张图片，拟定的每一个标题以及评论区的互动方式和技巧，都是在用网络语言和社交媒体气质吸引着网民的注意力。

最超前的具有网感的作品，我认为是周星驰的无厘头电影。

而那些在社区和社群里最受欢迎、最活跃、最能一下引发众人狂欢的人，多少都有点周星驰式的玩世不恭的小人物的气质。

当然，不同社区有不同的属性，各自的特质也不尽相同。

在如今的互联网世界里，主流的网络社区以微博为主，知乎则作为高端知识社区，引导舆论潮流，豆瓣作为小众文艺青年的集散地偏居一隅，快手和抖音分别充当了更广泛受众的碎片化时间杀手，微信公众号则成为自媒体最重要的私域流量池，知识星球以付费为门槛，从普通的

看客中筛选出自己的铁粉，天生具备"种草"①基因的小红书则通过购物分享文章牢牢把控着都市女性的消费心理。

其他小众社区也聚集了很多不同群落和圈层的人。

所以，很多社区用户的典型特征，是可以一眼识别的。

比如，知乎男性用户外出常穿优衣库，随身携带kindle②，在地铁里也能看到他们透过高度数的眼镜聚精会神地看一篇万字长文。另外，GoPro③、大疆无人机④、体感游戏、投影仪、洗碗机、扫地机器人等最新潮的高科技设备，则是他们的居家必备品；

豆瓣女性用户则常常化着精致的妆，穿着棉麻衣服，出没于北京的798、三里屯等艺术青年聚居区；

小红书用户从头到脚都十分讲究，用着最小众的尖货，住着千元一晚的酒店，只为体会最极致的生活体验。

每个社区都有着自己固有的行话和核心用户，他们一群一群地扎堆在一起，堪称泾渭分明。

1. 先说微博

微博的生命力之旺盛和长久，以及它不可撼动的地位，是建立在

---

① 网络流行语，表示"分享推荐某一商品的优秀品质，以激发他人购买欲望"的行为，或自己根据外界信息，对某事物产生体验或拥有的欲望的过程；也表示"把一样事物分享推荐给另一个人，让另一个人喜欢这样事物"的行为，类似网络用语"安利"的用法；还表示一件事物让自己从心里由衷地喜欢。

② 由亚马逊（Amazon）设计和销售的电子阅读器（以及软件平台）。

③ GoPro是美国运动相机厂商。GoPro的相机现已被冲浪、滑雪、极限自行车及跳伞等极限运动团体广泛运用，因而"GoPro"也几乎成为极限运动专用相机的代名词。

④ 深圳一家无人飞行器控制系统及无人机解决方案的研发和生产商。

PART 1　破除错误认知，直击网感本质

以娱乐明星为核心的社区文化基石之上的，而饭圈文化则是其社区活跃度强有力的支撑。只要你打开微博热搜榜单，就可以大概知道当下国民最广泛的注意力分布在哪里。

当然，在微博热搜中，娱乐明星的消息往往占据了半壁江山，剩下的多是新闻时事。

新闻资讯的高转发率、互动率和网感的关系不大，因为接受新鲜资讯在传统媒体时代一样是刚需。

而想在微博获得真正的认可，即符合网感的标志就是评论区出现大量如下词汇：

（1）awsl[①]

（2）哭了

（3）强力马住！[②]

（4）这是什么神仙×××啊

（5）哈哈哈哈哈哈哈哈

（6）人间真实

（7）是我了

（8）主动@好友，并说：快来看！

（9）好甜，老年人选择死亡

---

① 网络流行词，是"啊，×× 太可爱，我要死了"的缩写，主要用来形容看到可爱的事物时的激动心情。
② 网络用语，标记，存上的意思。

网感 ▶ 在网络世界受人欢迎的基本能力

这些词汇说明这条微博是可以代表微博网友的特征、标志和心理感受并且引起集体起哄行为的内容,这样的内容多半就是具备网感的。

以下,是我的三条转发和点赞数很高的微博内容,仔细分析内容,再看看转发区的网友评论,你就会明白它们为何具有网感。

 李嗲Lydia-

19-6-23-20:23　来自 iPhone客户端　已编辑

一张图看懂如何选择文科专业。#一张图看懂如何选择文科专业#

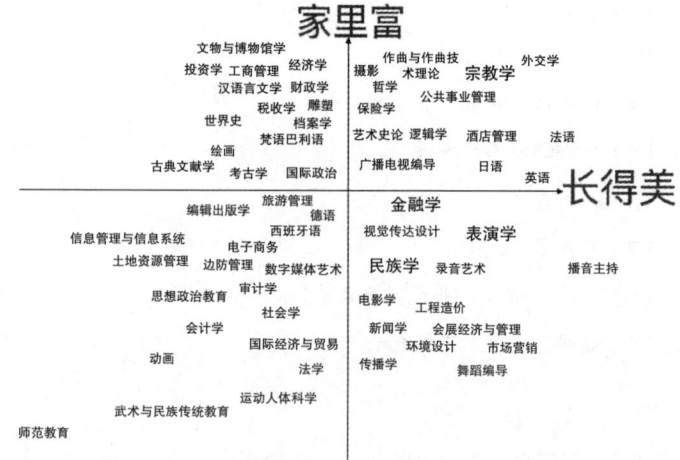

PART 1　破除错误认知，直击网感本质

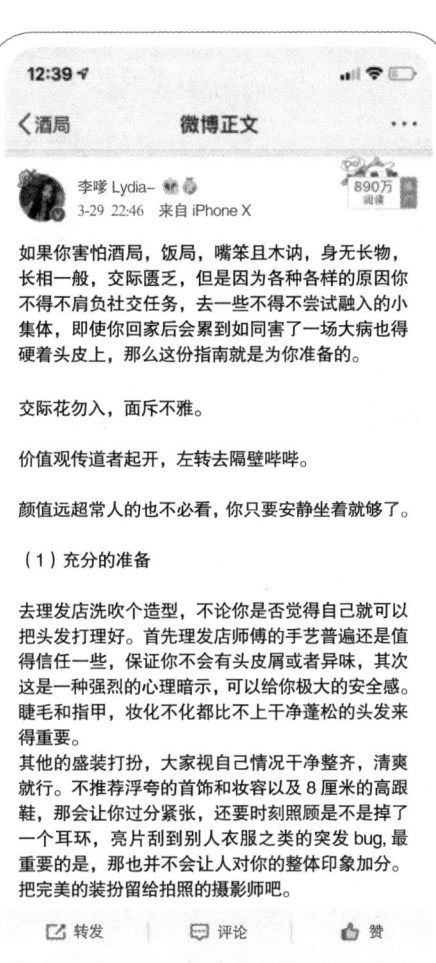

微博三

要么笑,要么哭,只要是能挑动人类情感的内容,常常会不胫而走。

而每个人都会关心跟自己有关的事情,所以,能够用各种方式让网友对号入座,并且让他们觉得准确的内容就是有网感的。

PART 1　破除错误认知，直击网感本质

2.我们再来说说知乎

2019年，被众多网友群嘲的知乎帖子是什么？

"人在美国，刚下飞机。"
"知乎，分享你刚编的故事。"
"一觉醒来多了好多赞。"

这是知乎社区高赞答案约定俗成的表达方式。它背后凸显的是整个社区的亚文化，即收入颇丰，教育背景良好，有全球化视野的人的发言更容易受到认可。

所以，要想在知乎获得关注和赞同，对于社会身份标签的润色和强调是必不可少的，字里行间的气质也务必与社区调性相吻合才会受到欢迎。

如果你想知道到底是一群怎样的人在使用知乎，可以去看一下一年一度的知乎"盐"club①，你会发现，那些温文尔雅，彬彬有礼且略带腼腆的知乎用户，是一群秉持着"认真，你就赢了"的理念的文化青年。

他们较真、好学、上进，且憎恶分明，自发维护社区调性，甚至会为了社区的氛围和黏性天天吵得不可开交。

而知乎网的管理者选择明星为网站做代言的行为，却深深地伤了

---

① 知乎官方线下活动，2019年正式更名为"新知青年大会"。

不少知乎老用户的心,因为明星代言人无法体现知乎气质。

许多知乎资深用户认为,如果可以选,知乎代言人应该选择博学多才的作家马伯庸。

3. 说说豆瓣

豆瓣于2016年推出的品牌宣传片《我们的精神角落》,精确地传达了豆瓣网的特质和调性。豆瓣用户以图书、影音爱好者为主,是一群品位卓尔不群的文化人,他们比知乎用户还较真、清高,仿佛与外界的大千世界格格不入——一群志同道合的年轻人聚集在一起,日复一日地探讨电影、书籍、音乐、各种亚文化,还经常聊八卦,推荐小众冷门的小玩意,甚至还在上面租房子,找异性朋友。

由于发展速度比较缓慢,豆瓣服务器经常崩溃,但有意思的是,豆瓣用户因为太依赖这块精神角落,反而会自发充当社区捍卫者和当家人。当豆瓣推出周边文化产品时,他们会纷纷解囊购买,当官方发布广告信息时,他们会争相转发维护数据,这一奇特现象在中文互联网社区里被视为另类。

同时,豆瓣的评分系统也非常科学,这使得豆瓣的书、影、音评分成为中文互联网世界最接近作品真实水准的可信赖的评分体系。

要想在豆瓣社区获得高关注,撸猫、旅行、摄影、画画,四样都配齐就差不多了。

4. 抖音和快手

抖音和快手,这两大短视频平台极大地丰富了人们的碎片化时间。抖音上很多内容是全世界的旅游景点、新鲜精巧的小物品、城市生活的趣味和亮点，而快手则偏向农村生活的日常。整体上看，快手更接地气，抖音更有格调。

要想在抖音获取高关注，最简单的操作方式是将其他平台的内容迁移到短视频平台，例如，可以将豆瓣和知乎的高数据图文内容，转换成视频语言，创造一些神转折和抖机灵的段落，提供快消费的笑点和痛点，这不失为初期涨粉阶段的快速方法。

快手用户与拥有广大非一二线城市用户的拼多多一样，数量惊人，购买力待开发，一旦开发起来，效果是非常惊人的。比如，积压的农副产品，由快手红人做一场直播可能就会全部卖光。曾经街头巷尾3块钱一斤的卖书方式在快手上同样可以无缝衔接。可以说，热情豪放，不论是夸人还是损人都是一副说相声的架势，放得开、接地气、不端着，贴近广大农村群众的生活，就是快手社区红人的网感。

5.微信公众号

2019年，众多微信公众号纷纷陷入阅读量断崖式下跌的低谷，新号崛起艰难，连朋友圈点赞、评论互动都在明显下滑，曾经隔三岔五就全民刷屏的"爆文"已经越来越少见。

但是，无论如何，人们对于阅读和信息分享的需求是不会变的。我曾建过一个"10万+"文章分享群，群内的成员不聊天，仅仅分享自己在朋友圈看到的阅读量超过10万，且主要是由转发造成的，而非自有粉丝的正常推送打开的文章。这个群建立了三年多，看着三年来发上来的文章,除了新闻事件第一时间会引爆朋友圈,更多的是当代知名人物的小传记,尤其是以《GQ》杂志人物特稿最为典型。

除此以外,形式的新颖至关重要,有一批公众号在"长条漫"的呈现形式上成功转型。长条漫创作者在捕捉到人们日常生活中的槽点后,会通过夸张的画面语言进行故事加工,通过场景还原让用户代入,并在最后高潮处戛然而止——这是近年来自媒体公众号探索的路线和方向。推荐大家看一看公众号:2040 bookstore,它就是这种风格的典型代表。

2020年,微信创始人张小龙在微信公开课上提到,要往短内容方向上发力。接着,微信官方便发布了短视频号的内测消息。未来,微信短视频是否能在短视频领域抢占一席之地,又是否能成为抖音、快手两大短视频巨头平台的劲敌,且让我们拭目以待。

6.其他

类似知识星球、小红书、虎扑等垂直细分市场的网络社区,风格的走向就完全依赖于头部用户的人格特征和撰文风格,腰部用户通过评论和回复凸显内容重点,尾部用户则跟风和围观。

很多人可能不知道的是,这些网站的运营人员大多有着较高的权重,也有着更直接的商务诉求,为了贴合自己的品牌故事,招募更多的用户以及客户,他们会推送自己认为符合公司产品调性的内容。可以说,这些小众网络社区的网感,是人为因素占了主导。所以这样的社区,基本上只有社区感,而没有网感,也很难有一个火遍全网的新秀横空出世。

在深入从事互联网行业以前,我和任何一个走在街上永远不会被注意到的普通人一样,面目模糊,风格平庸;当我开始沉迷各种社区之后,不知不觉中,我的性格、三观都受到了这些社区风气的影响;沉迷于知乎的那两年,我开始更加注重逻辑和条理;频繁使用豆瓣后,我开始对诗歌和远方充满了向往,观影和读书口味也越来越小众化;而沉迷于小红书之后,我多花了很多钱买各种推荐产品……

一方面,我在用自己的文笔和观点尝试去引领潮流,构建社区氛围,另一方面我也在无形中被网络影响着。而且,这些年来,我从未见过一个非本社区的原生用户可以用傲慢的"外来语感"征服社区用户。

一旦那些格格不入的论调占据上风,整个社区就会逐渐丧失其他原有的调性和网感。比如,现在的知乎就面临用户群两极分化的境况。

1.2 会蹭网络热点就是有网感吗

无论是做个人自媒体，还是在互联网公司从事新媒体相关的工作，蹭热点都是一个绕不开的基本操作。

网络热点指的是在短时间内由网络社区引爆的众人参与的话题，常见的如娱乐新闻、社会新闻、爆款文章、最新政策，等等，这些话题以前是街头巷尾议论纷纷的民生议题，在互联网时代，则会以更快的速度聚集流量，呈现全民参与分享观点，精彩纷呈，百家争鸣的网络景观。

蹭热点一般是借用热点内容中的关键词或者核心素材借题发挥，写出一番观点分享型文章参与热议，以获取流量；或者是品牌方巧妙借用热点元素，结合自己的产品特点做出"热点广告"。

以杜蕾斯官方微博为代表，我们先来看看"新媒体运营像杜蕾斯这样一直追热点真的对企业有帮助吗"这样的典型的品牌蹭热点行为，到底是不是具有网感。

一场暴雨过后，北京的路面满是积水，许多人被困在办公室无法回家。此时，一个网友发布了一组以杜蕾斯产品套上鞋子避免鞋子泡水的图片。很快,杜蕾斯官方微博转发了这组图片,并最终引爆网络。《中国日报》英文版(*China Daily*)将这一事件评为"最有代表性的社交网络营销案例之一"。从此,企业类新媒体学习杜蕾斯的营销策略就开始一波接着一波。

最近一两年,企业官微做得最接地气,也最会蹭热点的,当属旺仔俱乐部。

你可以看到,众人心目中经典的旺仔形象被重新创作,与时下多元化热点相结合,使其焕发了新的IP价值。

虽然像这样的官方微博不会成为大热爆款,但是作为一个官方微博,能够稳扎稳打地聚集200万粉丝,每条动态下都有着数目可观的活跃网友参与互动,并且主题店一家接一家地开,对于一个官方品牌来说,这已经是非常好的成绩了。

近年来,这个势头开始式微,蹭热点成了网红和明星的专属。

2019年夏天,影片《哪吒之魔童降世》横扫各大院线,而称霸了多天微博热搜榜的却是各路明星的哪吒发型。

近年来,有一位数据略显虚高的明星饱受网友质疑,而豆瓣一篇"某明星微博数据并不高,为什么演唱会门票还难买"的帖子,却使得为某明星造势成了全民热议的话题,明星、微博大号、各路"水军"①纷纷加入其中。

只要策划和话题本身是有趣的,内容创作者们就有足够的动力加

---

① 网络水军为一群在网络中针对特定内容发布特定信息的、被雇用的网络写手。

入这场狂欢,各取所需。到后来,连很多官方"蓝V"也加入到"为×××做数据"的大军中,一时之间,网络话题热闹非凡。

这样做当然也是有好处的。

首先,这是公司维持用户黏性的重要渠道。企业有公关的需求,有广告的需求,通过不断地追逐热点,在用户面前保持存在感,可以积累自有渠道的粉丝和关注者,从而形成公司的喉舌。一个有着巨大影响力的新媒体公司将有最高效的传播力,便于公司任何方向上的宣传——话语权掌握在自己手里,比什么都牢靠。

其次,这也是向B端(企业端)、投资方、同行展示公司实力的重要渠道,他们将对你们新媒体运营的综合实力有更加直观的感受,可以由此评估公司的专业度、公信度和实力。

一个公司的文化和执行力,以及创新能力,除了产品(周期过长过慢,机会较偶然)外,更为简单粗暴的展现方式就是新媒体。在某种程度上,这相当于炫技式的表现,将获得投资方、客户等极大的信任和认可,也能赢得同行的赞许和尊敬。

但是,这就是我们都认同和想要的网感吗?

2017年12月,一篇名为《第一批"90后"已经出家了》的文章刷爆网络,使得"佛系青年"[①]成为2017年的热门流行词。

后续更是出现了大量以"第一批'90后'已经××了"为句式

---

① 网络流行词,含义是指芸芸众生中崇尚一切随缘、不苛求、崇尚得过且过、不太走心的活法和生活方式的青年人。

PART 1　破除错误认知，直击网感本质

标题的文章，这就是我开头说的第一种现象——对同一网络现象中的关键词或者核心素材借题发挥，发表观点分享型文章参与热议，以获取流量。

当然，这会起到一定的效果，但是所有的二次创作和传播，实际上都是在将目光和焦点投向最初的那篇爆款文章。

所以，相比蹭热点，自制热点才是真正意义上的网感。

例如，在抖音爆红的"答案茶"，使得自己的产品成了全网热议的奶茶品牌，这就是将品牌的自媒体从蹭热点转向了自制热点。

相比蹭热点，更糟糕的是理解不了热点，也无法理解网络热词，不知道社交网络上发生了什么，这些人被称为"零网感人士"。

父母那一辈人和年轻人之间隔着巨大的信息鸿沟，因而，他们大多都是这样的零网感人士。他们看到我们在朋友圈发"求投喂"[①]的图片时会惊慌失措，会在我们高呼"要给偶像生猴子"时痛骂我们，也会在我们捧着手机刷抖音视频哈哈大笑时感到莫名其妙。

这就是缺失网感导致的文化隔阂，不理解网络热词产生的具体语境与所指，以及不理解网络用户借用这些热词自我表达下的真正的潜台词而导致的尴尬。

所以，如果要准确描述有网感的人，那就是——自创武功，开宗立派，让众人趋之若鹜的顶级高手；

当然，更常见的"武林人士"则是刻苦练功，紧跟热点，在社交

---

① 漫展（即动漫展览）上的一个行业术语，是求喜爱的意思。

网感 ▶ 在网络世界受人欢迎的基本能力

媒体和网络社区浸淫多年,熟悉和了解各个网络热点、新闻事件、小众文化,并能照葫芦画瓢,做出模仿、衍生、解析、编纂等行为的运营人员;

能够运用网络语言进行社交、沟通,并因此聚集的人群,则是这个网络江湖的看客。

那些听不懂、不知道,也没见过这类语言的人,就是非网络居民。从严格意义上说,他们并不是我们日常新媒体链接的用户,他们更像是僵尸粉,比如饭店门口免费打印照片的机器带来的新关注者,比如微博官方的涨粉包所带来的新注册用户自动关注的粉丝,比如通过裂变手段获取的新增用户。这些增量的特点就是无法与你互动,也不会共情,极易流失,难以撬动。

面对这些用户,网感就会显得无用武之地。

所以,总的来说,网感是流通在网络社区居民之间的潜在文化与社区氛围,可以帮助我们更好地识别彼此并拉近距离。

这样看来,网感是不是就是对这些段子进行二次加工呢?

还记得"蓝瘦,香菇"[1]"厉害了,我的哥"[2]"菊外人"[3]这些网络梗吗?这些昙花一现的网络热词,即便你可以抓住它们,也不能证明你是一个拥有网感的运营者,只能说明你是一个照葫芦画瓢的跟风者罢了。

---

[1] 是指"难受,想哭"的意思。
[2] 称赞对方十分厉害,以表敬佩之意。
[3] 网络流行词,指不知道王菊是谁,也没有看过选秀节目《创造101》,但已经被"给王菊投票"相关信息包围的人。

PART 1　破除错误认知，直击网感本质

同样是网络热词，"锦鲤"的生命力就远远超出上述几个词，会长久地存在于大众的日常用语中。究其背后的原因，与文化母体不无关系。

文化母体一词，是《超级符号就是超级创意》一书里多次强调的重要概念，它意味着与最广大人群发生联系。

在《超级符号原理》一书中，则这样定义这一词汇："文化母体是人类约定俗成的行为习惯，发生的形式是集体的无意识。特点是不可抗拒、必然发生。一切母体行为都是在潜意识中进行的。母体文化一旦形成，就具有不可抗拒的力量。"

而"锦鲤"这样的词，其实是对好运的新叫法。好运，毋庸置疑就是符合文化母体的超级符号。

所以，在我看来，用新的网络语言和网络现象去诠释符合文化母体的超级符号，才是真正拥有网感的表现。

在上一章节中提到的"佛系青年"，就是对"干物女"[①]"宅男"[②]等上一轮网络热词的全新演绎。

网络上有一个叫"语文指挥中心"的微博，就是极其擅长重新演绎旧词汇的微博号。

用简单明了的表述方式，击中大多数用户的内心感受，并让他们迫不及待地借此自我标榜的能力，是更为高阶和完善的网感。

---

① 是指放弃恋爱，以对自己而言懒散舒适的生活方式生活的女性。
② 一般大众所说的"宅男"主要指长期足不出户的人。

1.3 如何区分良性网感与恶性网感

以网络信息技术为基础，在网络空间形成的文化活动、文化方式、文化产品、文化观念的集合，我们称其为网络文化。

在前述内容中，我一直强调每个社区都有属于自己的亚文化，要融入其中才能感受到那种微妙的情绪共振，那么是不是所有的人都可以做互联网的弄潮儿，并引领网络潮流呢？

网络世界和现实世界一样，是复杂的，有真实的情感诉求，也有"水军"大部队制造的虚假繁荣，有踏踏实实提供真实服务和解决方案的园丁，也有着如害群之马一般搅浑水的乌合之众。如果不加以分辨，就会陷入网络暴民的阵营，网感没学到，却越来越浮躁。

在《乌合之众》一书中，古斯塔夫·勒庞明确地指出：**冲动、易变和急躁是群体特性之一，另一个特性则是易受暗示与轻信**。群体会相信子虚乌有的一切，诸如刀枪不入，诸如神怪显灵，诸如预言谏语，诸如一切与精神力量相关的事情。

所以，我们经常会看到神奇的一幕：大家纷纷转发一张图片里

PART 1　破除错误认知，直击网感本质

有几条鲤鱼的微博，开始许下自己的愿望。从《创造101》出道的杨超越，莫名其妙地成了"锦鲤"的代名词；还有一些新媒体团队利用群体易受煽动、蛊惑的特性，传递扭曲的价值观，他们是在做其他正当的新媒体从业者不愿意做的事情。从数据上来看，这类公众号可谓网感的巅峰创造者，但是从长远来看，我认为，这不是网感，而是骗术。

2018年，是裂变涨粉技术鼎盛的时代。

某课程品牌方利用裂变海报的传播模式进行了一系列操作，他们是这样做的：

（1）自动生成海报；

（2）二级分销；

（3）满多少人涨价：让报名学习的人有很强的紧迫感，担心报名晚了会涨价；

（4）推广收益实时显示、排名和奖励机制；

（5）提前开发好独立APP。

在3小时破了10万人购买的新纪录，名利双收盆满钵满后，链接被封。

任务宝[①]则利用拉人关注可以获得指定礼品的方式，让"羊毛党"疯狂透支自己的社交网络；

---

① 用技术驱动微信营销，依赖程序实现功能化、达到粉丝裂变、单个粉丝成本极低可控的互动营销工具。

网感 ▶ 在网络世界受人欢迎的基本能力

各大餐厅门口放置了免费打印照片的机器，只要关注公众号就可以免费将手机里的照片打印出来，这一招吸了大量粉丝；

Wi-Fi涨粉的成本不停地水涨船高；

各大运营类公众号开始利用免费的教程，鼓励关注者以分享文章来获取教程的方式诱导传播；

更别说屡试不爽的"新年签"模式，它已经成为腾讯封杀链接的标准操作。

这种裂变营销技术是利用了群体性的懒惰、爱贪小便宜、跟风和迷信等特质，如蝗虫过境般，污染了整个网络社区环境，是社区管理者头痛不已的顽疾。尽管在短时间内它可以撬动极大的流量，但它带来的弊端远大于利益，就如同杀鸡取卵。最可怕的是，运营者会丧失获取真正网感的能力。

那么，什么样的网感是我心目中网感真正的代表者呢？

例如papi酱，李子柒，手工耿。

他们将自己的独特内容做成了高识别度的标签，并且拥有穿透圈层的能力，是风靡一时的现象级内容创作者。同时，他们创作的内容本身就有着强大的电商化能力和广告能力，不媚俗，不走擦边球，扎扎实实地研究如何满足人民群众日益增长的精神文化需求，并且善用互联网新媒体手段使得自己的光芒以更快的速度穿透人群，并且有着源源不断的素材挖掘和迭代能力。我认为，这才是网感的典型代表。

我把任务宝、二级分销、迷信素材等网感称为恶性网感，将以强

PART 1　破除错误认知，直击网感本质

内容聚集粉丝获取好感的网感称为良性网感。要想分辨他们，可以按照以下的规律观察：

（1）提供的内容或者服务，是否致力于输出原创的观点、内容、讯息，是否有着引导人积极向上的健康价值观导向。这一点，其实和网信办的各种"净网行动"有着一致的大方向，凡是网信办重点打击的东西，即使可以短时间获得流量、传播，但它们的生命力不会长久，迟早要被封杀，这样的内容，我觉得不应该叫网感，而应该叫"快感"。

（2）是否像经营实体一样，有着合理顺畅的商业模型和逻辑去经营互联网资产。如果一个产品光是依靠大量补贴、融资、造势去获取声量，这样的泡沫迟早要破灭，也是没有网感的。

（3）**良性网感一般会融合心理学、社会学、文学创作和互联网技术，是在网络社区赢得尊重和好感的基本武器，是经过大量研究和实践证明可以复制的能力。**

（4）网感是包含了人们的共情能力和同理心的。

（5）恶性网感，实际上是漠视了人类的基本心理需求，而把数据和流量作为唯一指标，简单粗暴地获取和收割流量的技术，迟早会反噬互联网产业本身。

希望阅读这本书的读者们能够不忘初心，以拥有良性网感为目标，不断精进，并成为一个网络世界真正受欢迎的人。

1.4 回到经典书籍里去寻找制胜的秘籍

曾经有个新媒体从业者说过,自己一分享干货内容,就会发现点击"收藏"的人数远高于"转发"的人数,这正是因为很多人在看到自己感兴趣的内容时更倾向于"藏私",而不是分享。另外,这些内容更偏向于慢条斯理地阐释原理,抽丝剥茧地介绍技术,不像情感、八卦、时事热点和养生等话题那样更具有传播性和话题性。

很多关于传播的经典书籍真实面向的受众和人群,是人群中少数掌握真正技巧的精英分子,这些人大多低调内敛,不愿声张。所以,这些书的知名度可能远不如一些鸡汤书,但这并不代表它们自己不具备**网感**。

接下来,我将和大家分享一些我的网感"秘技"。

1.《故事经济学》罗伯特·麦基

故事,是人类文明世界流传最广、最深、最刻骨铭心的载体。没有人会记得几千年前某某皇帝的一份诏书写了什么,但是所有人都听过那些家喻户晓的故事,人类天生习惯于接纳故事化信息。

PART 1　破除错误认知，直击网感本质

在亚马逊公司里有一条明文规定——"高管层不做PPT汇报"。他们认为，叙述性内容应该结构得当。撰写6页故事化的备忘录比写20页PPT难，因为叙述结构强化了思维，也能帮助听者更好地理解事物的重要次序以及它们是如何相互关联的。（摘自《故事经济学》第十章《故事化需求和消费勘察》）

从2017年开始，"原生广告"这一概念就占据了品牌营销案例的主流。从网易云音乐的"看见音乐的力量·乐评专列"，到百雀羚的《一九三一》横屏长漫画，以及前段时间因为《创造101》而爆火的"菊外人"事件，都是和产品内容高度绑定，对产品销量或者播放量、下载量有显而易见的导向性作用的推广案例，它们越发证明了：民众反感的并非广告本身，而是反感冷冰冰的单方面说教罢了，对于可以产生共鸣以及互动的内容，他们会竞相追逐。

我家里本来有不少耳机，对于各种发烧友的测评，我向来是选择性忽视的，因为我根本无法从那么多的专业名词和参数中获得最简洁、直观的概念：这耳机到底好不好？

直到有一天，我看到了这样一段话：

有多安静我来描述一下。孩子数学成绩不好，你在银行做经理，维护客户关系，不上不下，有房贷和车贷要还。你老婆在市人民医院做护士，她妈有尿毒症透析多年，她不爱你。你年轻的时候觉得能成一番事业，但现在也就这样，朋友们混得都比你好，你下班在车库停

稳车,关掉引擎,呜一声安静了下来。太安静了,你生命中少有这么安静的时刻,你打算发十分钟呆再上楼吃饭。

以上就是 BOSE QC 35 产品的降噪效果测评。

在那一瞬间,我被震撼了,那一幅画面就在我面前展现,那一种情绪在我内心深处产生了共鸣,我毫不犹豫地下单购买了——这就是我作为普通消费者最需要的广告信息。

到底有多少品牌,给过我们这样真正"说人话"的广告呢?

这样的广告,就是我所说的那种"有网感"的广告。"有网感"的广告自己会长翅膀,会飞到很远很远的地方,会和无数的事物和人发生关联,产生各种奇妙的、令人惊讶的化学反应。

2.《超级符号就是超级创意》

这本书到底有多神奇呢?最开始,因为这本书的封面极不符合我个人的审美,尽管一拨又一拨的人向我推荐它,甚至我当年的老板把它列为"全公司员工必读的10本书"之首,但是,我依然搁置着它,着实没有兴趣打开读一读。直到有一天,因为家里断网了,我实在无聊,就打开看了一眼,随即一口气读完——如醍醐灌顶,思路全开。我对自己过去愚蠢的选择和判断懊恼不已。从此,我最大的工作目标,变成了寻找那个最大的符号、最大的流量和最强的文化母体。

这本书最主要的核心观点是**用符号打造品牌的最小记忆单位**,然后通过重复输出，不断强调、放大，深入用户的心智。尽管华与华公司那套扰人式的广告体系饱受诟病，但是，不能否认的是，他们在挖掘超级符号和文化母体的技能上，是真正理解人们深层次精神需求的。

它将消费者划分为了四种身份：受众、购买者、体验者和传播者。并且充分从这四个视角出发，设计出了一套足以攻占心智，并引发相应行为的逻辑。凭借这套逻辑，华与华公司号称自己是本土最贵的营销公司。每一个想要获取网络魔法的人，都应该好好从这本书里领教一下华与华公司的经典思维体系。

3.《身份的焦虑》

看这本书，本是为了解决自己内心的浮躁、迷茫等自我认知问题的。看完之后，我意识到，我的困惑大多数同龄人一样会有。于是，我开始向内自我剖析，将这一段探索的过程分享给更多的受众，果然引起了许多的共鸣。

尤其是书中对于身份标签的渴望，对于社会规范的理解和认知，对于精英崇拜和人类社会追逐平等却又时常陷入嫉妒、攀比旋涡的状态的完整阐述，都使我产生了认同感——直面自己人性上的弱点，就更容易理解和懂得他人的精神诉求。于是，在创作内容时，我不再会居高临下地强行宣扬过于自我的主张，而更多的是将心比心、换位思考。

这就是我所追求的网感——可以和最大多数的人产生共情的能力。

4.《金字塔原理》

金字塔原理，是我受益最深的思维武器。

它的基本结构是：结论先行，以上统下，归类分组，逻辑递进。先重要后次要，先总结后具体，先框架后细节，先结论后原因，先结果后过程，先论点后论据。

非金字塔式的对话是这样的：

"Lydia，在吗？"

"在。"

"你最近有时间吗？"

"你有什么事儿？"

"请问你知道安利吗？"

"很抱歉，现在我没空。"

金字塔式的对话是这样的：

"Lydia，你好，我是做安利产品推销的，想给你推销几款我们最新的产品，你如果不想自己买，可以考虑做我们的代理商赚点佣金呢，不知道你是否考虑呢？"

"佣金多少？"

"……"

PART 1　破除错误认知，直击网感本质

一位妻子回家后为一包未倒的垃圾产生了争执。妻子说：你快去把垃圾倒掉，不然要生虫了。等丈夫倒完垃圾回来，妻子又责问：为什么早上上班时不记得把垃圾带下楼？如何才能确保不会忘记，是不是要在大门上贴便利贴？

然后，丈夫说好话哄妻子，并说冰箱里的好吃的都是我拎回来的。我负责把东西带回来，你负责把垃圾带出去，你看这样行不行？

如此，事情就可以清清爽爽地解决了。

但是，如果不按照金字塔结构解决，可能会发生以下对话：

"你怎么又没倒垃圾？"

"你没有手吗？你不会倒吗？"

"你玩游戏玩到现在，我这么晚才下班，还要我干活儿伺候你？"

"怎么就你伺候我了呢？我不也伺候你了吗？浴室地漏里的头发不都是我帮你捡吗？"

这样的对话模式，必然会导致严重的冲突。

这就要求我们自上而下表达，自下而上思考，纵向总结概括，横向归类分组。最重要的是——时刻想着谁是我的听众，他们想听什么，他们想怎样听。

这就是金字塔原理的主旨。

以上这几本书是大多数运营和营销从业者耳熟能详的"传道"书

籍，其他"传术"的书籍可能已经被很多老师分享过了，我就一带而过，不再赘述，诸如《乌合之众》《娱乐至死》《弱传播》《写作这回事》《引爆点》《营销管理》《一个广告人的自白》《畅销的原理》等书。只要你能看完并且在实践中不断结合内容复盘、琢磨，相信你会找到属于自己的方法。

把握信息，
网感助你捕捉趋势与规律

2.1 获取信息的方式是拉开差距的源头

如果问网络世界里最惹人嫌的人有哪些,"伸手党"一定榜上有名。伸手党,是指那些不会或者懒得自己去做基本的信息检索,直接开口向他人提出需求并索要帮助和讯息的人。

除了惹人讨厌以外,如果没有检索信息的能力,一个人在解决生活便利的问题上也会举步维艰。例如,当接待朋友时,想找一家合适的餐厅;到外国他乡自由行时,不想错过一些必去的旅游景点;写文章时,想找到合适的素材和论据去支撑自己的观点。

可以说,没有获取信息能力的人,其生活质量都不如别人高。

张口问人,一定是效率最低的,试问,谁能像搜索引擎那样随时解决和满足你当下的需求呢?

对于自媒体而言,信息获取能力更是造就了一批以搬运汇编为主的大号的诞生,例如,第一时间翻译美国总统特朗普的推特内容,就是现成的流量来源。更常见的则是一些外网上的猫猫狗狗的可爱照片,好笑的视频集锦,以及一些种草资讯的汇总等。这些都是可复制、迅速裂变、强需求、高转化的优质大号的操作方式。

这里所说的优质，是从商业维度来评判的，其产能远高于个人类自媒体，商业转化率也不是个人类自媒体所能比拟的。

而我最喜欢的自媒体"饭统戴老板"每一篇高质量文章后面，那长长的参考文章和附录不免让人肃然起敬，为什么他就可以产出这么多高质量的干货文章呢？这种论文般的写作手法、强大的信息检索能力，再加上系统的逻辑和思维方式，便是其成功的主要原因。

再学富五车的人，连续三年持续输出内容，也会陷入思维干涸的境地。这时候，是否具有快速学习能力和信息检索能力，决定了一个自媒体是否有更长久的生命力。

为什么有的自媒体号昙花一现，有的却可以一直延续下去。

有人看到这里，可能会立刻剪刀加糨糊地干起来，但如果这事情真有这么简单的话，早就是全民搬运各种号了。

网感，就是从这些海量的信息资料中一眼识别出什么内容会引发关注的能力。

同样是猫猫狗狗的可爱照，为什么有的能引发大家的好评，有的就不能？

美女多如牛毛，为什么南笙[①]仅凭一张复古照就被封为"豆瓣女神"？

这种判断力的获得，需要长期的锻炼和实践，需要你根据数据和

---

① 中国内地女模特、演员，2012年凭借发布在网络上的一系列复古照片受到关注。

评论区反馈,以及通过学习和研究头部账号来揣摩大众的需求和眼光,而不是你个人的需求和眼光。

但是,如果你连基本的信息检索能力都没有,后面的判断力就更是无从谈起。所以,我们该如何提高检索能力呢?

1.新媒体人必用的几个第三方网站(见图2-1):

新榜:https://www.newrank.cn

图2-1 弹球小姐Lydia新榜账号

就一般公众号而言,我们很难看到后台数据,除非花钱购买类似"西瓜数据"这样的账号服务。而我会用"新榜"来做基本预测,虽然不是百分百准确,但是从综合活跃度等指数来评估还是比较靠谱的。

如果单一账号无法分辨,也可以横向比较几个同类账号,你只要知道一个同类账号的真实数据,就可以推断出其他账号的情况。

当然,你也可以实时关注全网某一细分领域里数据最好的文章和自媒体信息，这可以防止信息"茧房"对我们的干扰。

许多经典营销广告案例都可以给我们极大的灵感启发，即使我们不需要借鉴别人的创意，借此提高自己的审美能力并了解甲方视角也是非常有益的。这类网站还有许多，我最常去的是以下三个：

梅花网：https://www.meihua.info

广告门：https://www.adquan.com

站酷：https://www.zcool.com.cn

2. 电影资源分享网站（见图2-2）

小森林导航 - 柳暗花明又一村！
Bluray 蓝光原盘 | 中国高清网
BT 之家 _ 电影下载 _BT 下载 _bt 种子 _btbta
片源网（pianyuan.la）
中国高清网 | 高清电影网 | 720P|1080P | 蓝光原...
YYeTs 人人影视 | 字幕组官方下载站
东京不够热 | TNH Subtitle
猪猪日部落 - 日剧综合站

图2-2　电影网站

这是我浏览器里经常使用的几个电影网站，许多珍贵的经典电影在主流视频网站上已经无法观看，这就需要我们具备强大的片源搜索能力。如果你跟所有人看一样的书，看一样的电影，又怎能产生跟别人不一样的观点和认知呢？

所以，看一些小众的优质电影可以极大地丰富我们的资料库，在文章中分享和引用一些经典的电影台词和剧情可以极大地增强我们的表达能力。

3. 中国知网：https://www.cnki.net

相对而言，中国知网里的论文是比较靠谱的资料来源，因为有严格的质量把关，用词会谨慎许多，视野也比较宏观，可以作为重要的客观视角支撑。当然，它是收费的，但其性价比很高，因为信息的获取难度越高，其价值就越珍贵，也就越容易帮你赚取更高的商业价值。

4. 朋友圈搜索

在微信聊天框上方输入关键词后，会出现与该关键词相关的群聊记录。朋友圈里与该关键词相关的信息，以及海量的微信文章等，都是我的信息源。但有一点不得不提，我这样做的前提是我的朋友圈有足够多的高质量微信好友——因为都是同一行业里有一定分享欲望和信息辨识能力的人，所以他们所谈论和分享的信息都是有一定质量保障的。这个时候，通过关键词搜索，就可以极高地提升我找到想要的信息的概率。

如何增加相匹配的微信好友呢？你可以先想办法加入一些特定的行业社群，请朋友们引荐你，然后再通过社群交流让大家熟悉你，等有信息分享价值后，再加上合适的人成为好友；也可以在知乎、微博、豆瓣等公域分享自己的观点和价值，并公布微信号，让大家来加你；还可以通过线下沙龙等方式认识匹配的人。

是的，这样很累，也很不容易，但是一旦你积累得足够多，它就会成为你无法被超越的"信息护城河"。

5.善用搜索引擎语法

首先,在百度搜索栏中写入"搜索引擎技巧"这六个字后,点击百度百科,你会得到一份翔实的介绍。如果要提炼其中最重要的技巧,就需要把**搜索范围限定在特定站点中——site:"站名"**这一条(见图2-3、4)。

比如,知乎的搜索功能一直不太好,你就可以用关键词+site:+网址(不包含http://www.)的方式区搜索站内关键词相关的信息。

图2-3 百度搜索结果

网感 ▶ 在网络世界受人欢迎的基本能力

图2-4 百度搜索结果

用这个方法，不需要登录豆瓣网，就可以找到网友们在豆瓣发布的所有相关信息。诸如此类的方法，可以帮我们在一些搜索功能并不完善的网站里搜出相关的重要资讯。

而百度指数，其实是能够显示出广大群众最关心的事物是什么的一个重要指标（见图2-5）。

PART 2　把握信息，网感助你捕捉趋势与规律

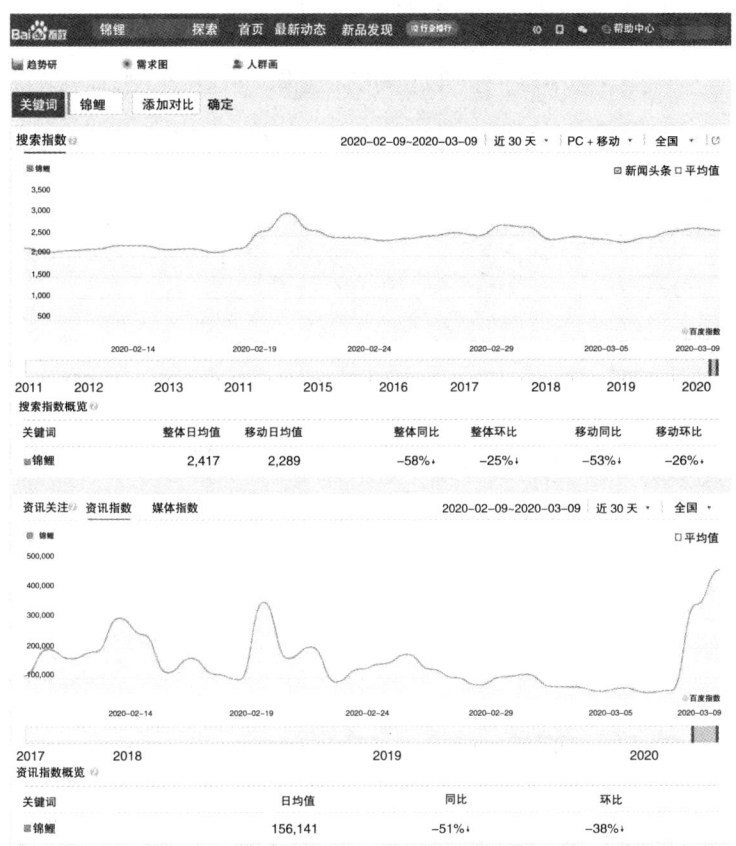

图2-5　"锦鲤"百度指数

比如，你搜索"锦鲤"这个关键词，就会明显地发现，在2018年之前，这个词是没有太多存在感的。近几年，因为成了流行元素，这个词才被广泛搜索和提及。

同样，微信指数、腾讯指数等都可以作为辅助参考，能够帮我们了解某一关键词的流行轨迹和爆发点，从而倒推出其爆发原因。这也

网感 ▶ 在网络世界受人欢迎的基本能力

是非常重要的网感来源。

　　希望合上本书后,你可以立刻使用起来,将这些搜索技能融入到你的生活中,帮助你提高数据搜集和辨别能力,找出帮助你提升网感实践的重要素材。

2.2 抓住公共讨论中传递出的主流声音

每一次公共舆论世界的轩然大波都会出现一些新的趋势，诞生一轮新的主流话语。

对于新媒体行业从业者、公关行业从业者、运营、社会各界知名人士来说，实时掌握当下的主流话语，是一项必备的技能，在公共发言时不犯错，甚至能避免股价蒸发——这绝不是玩笑话。

要想判断什么样的言论属于主流话语，就要站在群众的立场看待世界，真正做到"从群众中来，到群众中去"。

如果想要理性一些，可以去查找大数据，看政府报告，了解当下人民群众实际的生活是怎样的。比如当人均工资是8000元的时候，"定个小目标，先挣一个亿"就会成为一个笑话；在大多数企业严格遵循劳动法朝九晚六的时候，"996是福报"就会被排斥；在自由恋爱盛行的当下，用"给家人一个交代"来催婚的广告就会被年轻人抵制。

"带节奏"是一个网络梗，指的是煽风点火的意见领袖们，靠发表相对偏激的观点引导群众认同其观点，煽动情绪，引起网络纷争。

在此，建议大家千万不要试图去带节奏，因为这绝对是一件风险大于收益的事。古语云："水能载舟，亦能覆舟。"个人尚且要慎之又慎，更遑论企业了。

作为一个小白，如果想要尝试掌握公共舆论的奥秘，跟随潮水的方向，了解舆情，理解群体心理学，可以使用以下几个方法：

当公共事件发生时，不要急着发表意见，凡事都有正反面，等到事件双方都发声后更容易看清楚全局。

认领几个你认可的正向、理性的意见领袖，他们的判断尤其重要。因为他们往往身经百战，见多识广，阅历和判断力都远胜于我。事实也多次证明，他们的预测是和最终落幕的结局大体吻合的，多看看他们的分析也许会帮助你判断。

紧跟网络主流媒体。多关注国际上当下的舆论趋势是什么，紧跟主流官方观点，就能够大概率上确保你走在主流话语的前沿。

保持独立思考是我们每一个人都需要拥有的可贵品质，在任何一场公共讨论中，我们都要告诫自己不要人云亦云，同时保持一定的敏感度，不给自己制造不必要的麻烦。

PART 2　把握信息，网感助你捕捉趋势与规律

2.3　成为信息源，享尽红利的唯一方式

2019年高考分数出来的那天，你的朋友圈里可能出现过下面这张图片（见图2-6）：

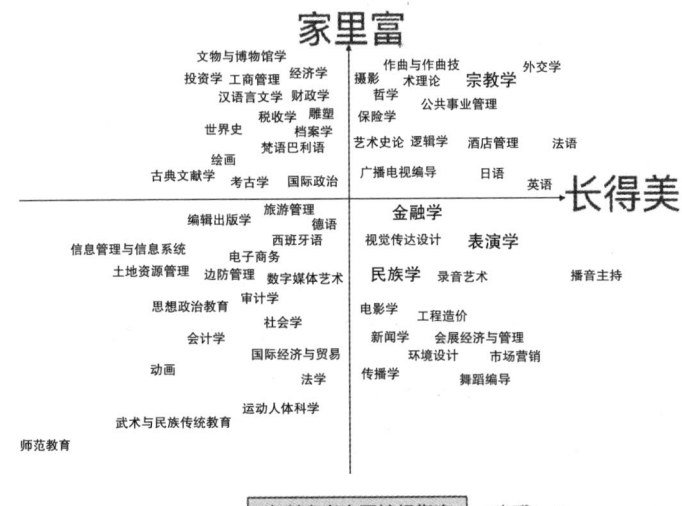

图2-6　文科志愿报考指南

是的，这张图是我做的。

这张图是我为了熟悉一个叫sketchbook的软件功能随手画出来的。所以你会看到从美观上来说，它简直是负分：排列不整齐，字符大小有差异，还有很多重要的文科专业没有被我纳入进去。

但是，它却火了，原微博一夜之间一万多转发，千万级曝光，朋友圈、各大社区论坛、微信群，铺天盖地。除了段子手抱团转发，连各大院校、官方媒体、新闻媒体等都在转载。文科图做完后，我其实也做了一张高考理科分析图，但发出来之后效果不太好，我就随手删掉了，但还是被网友截了下来，转得满天飞。

平日里几万块一条转发的营销号，如今争先恐后，恨不得多拿我的图做点文章。而我第一次发出这张图的初始粉丝数是多少呢？不到五万。

这就是成为信息源的威力。

当你的内容完美地迎合了当下的需求时，流量的"饥渴程度"远超你的想象。

所以，我一直很反对花费超过一万元投放单个公众号，而更愿意花几万元去精心制作一个精彩的视频、一幅有趣的漫画，获取一个独到的创意。要知道，**当弹药的质量足够好，点燃它并不需要过于精致的引线。**

这幅图是怎么做出来的呢？当我要在画布上画点什么的时候，我在想，当下大家想看什么？哦，今天是出高考成绩的日子，考生们要填志愿了，各路大V们都在洋洋洒洒地追热点呢。他们说的东西有道理吗？有道理，但是太长了，很多人其实不想看。而且，每个人的针对性和关注点都不同，因此没有办法给出统一的意见。

PART 2　把握信息，网感助你捕捉趋势与规律

用户想看什么？可以用来自黑自嘲的笑料和工具。

而网友们的"自黑点"，其实全概括进来，不会超过30个。只需要巧妙地结合，就能够击中他们。于是，我点开了密密麻麻的高考志愿专业填报大全。仔细研究了一番，我看到了笑点所在。哦，原来文科还有武术与民族传统体育呢！

那一瞬间，灵感来袭。于是我开始列出横纵坐标，给一个又一个热门的专业排位次。而从做这张图的最初，我就想好了要把师范教育放到左下方最外面的位置。

为什么？因为我自己就是念师范专业的——**网感，永远是从自嘲开始的。**

前文也讲过了，为什么我成功地制作出高考志愿文科指南后，却怎么也做不好理科指南呢？因为我不是理科生，我GET①不到那个点。

做出爆款的前提，是真的懂。

所以，这张图看似荒诞，但是细节却又是可以细细品味的。为什么同样是学习语言，我会把英语、法语、日语放在第一象限，而梵语、巴利语却放在了第二象限呢？因为学前者的人太多了，必须得有附加分才能有竞争力，而后者只要实力。但是，后者又太过小众，所以最起码家里得有点钱，这样才不会饿死。

所以，在转发的读者当中，大多数人会感觉"说的是我""有点道理"，而我的理科表无疑会受到更多的质疑，因为现实情况"并不

---

① 理解。

一定是这样"。所以,理科图虽然形式上接近,也同样有大号仿效并吸引曝光,却没有获得同样的关注度。

但是,无论成功也好,失败也罢,这是百分百属于我的原创创意,那些争议和赞扬都完完全全属于我。所以,我是那个流量和名声最大的收获者。作为营销人员的职业素养,通过小试牛刀的练手,得到了印证。

一些成功学大师也号召大家做接口型人才,而不要去做U盘型人才,说的就是这个道理。

让我们再来看以下案例:

2019年12月9日,我发了一条微博,阅读量一度达到了1100多万(见图2-7)。

图2-7 微博正文截图

PART 2　把握信息，网感助你捕捉趋势与规律

很快，评论区开始发酵，网友们纷纷参与创作（见图2-8）：

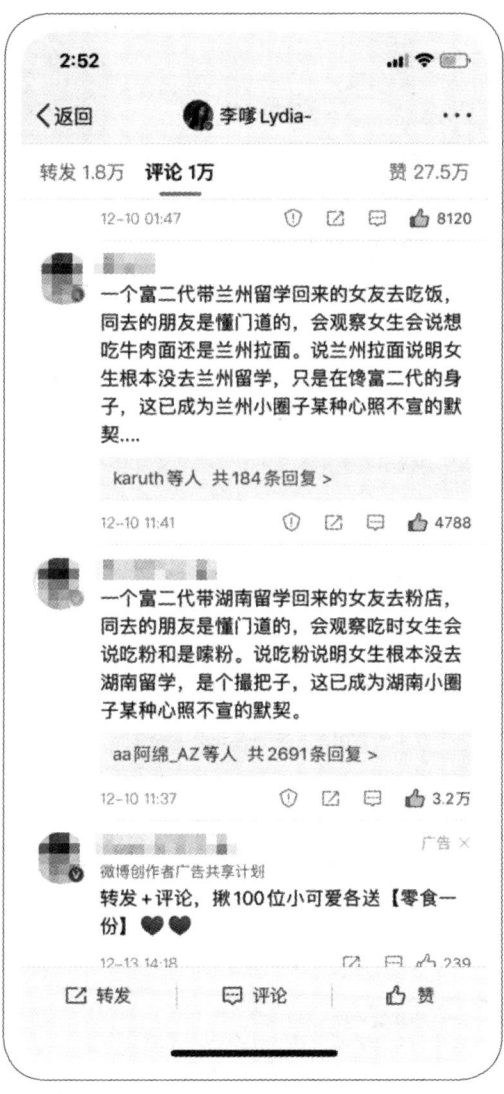

图2-8　微博评论区截图

网感 ▶ 在网络世界受人欢迎的基本能力

这个话题,甚至一度登上微博热搜排行榜(见图2-9)。

图2-9 微博热搜榜

PART 2　把握信息，网感助你捕捉趋势与规律

这条微博本身已经成了"网络迷因"①，谜因从其诞生之初就注定要被拆解、重组，这也是其可以穿透不同圈层的生命力所在。和上面的案例一样，这个段子被全网各路"大V"、微信公众号、媒体争相模仿再创作，创下了千万级的流量。当然，这其中也免不了争议刺耳的声音，但就像我上文所说的，争议也好，赞扬也罢，我作为创作者，都是流量和名声的最大获益者。

---

① "网络迷因(Internetmeme)"（又称"网络爆红"）指某个理念或信息迅速在互联网用户间传播的现象，内容可以是个笑话、一句引语、传言或某个事实、图像、一段视频、甚至可以是某个网站，基本上只要是能够通过电子通讯技术从一个人传给另一个人的内容都可以成为迷因。网络迷因一个重要的特点是所有的传播过程都是自发的，没有任何强迫或自动发送属性。

激活关系链,
收获网感带来的社交红利

3.1 新连接，新型社交关系

网络克服了以往点对点交往的局限性，一个人可以在任何时间、任何地点，就任何话题和自己关心的对象进行交流。它有着虚拟性、多元性、平面性和直接性等特征。网络使人际交流更直接，更快捷，但是也因为网络特有的无序性，容易抹杀人的正常情感。(《网络影响社交》，作者：刘伏英)

根据中国互联网络信息中心(CNNIC)2012年1月发布的《第29次中国互联网络发展状况统计报告》，截至2011年年底，我国社交网站的青少年用户数量达到了2.44亿，社交网站青少年用户占网民的比例达到了47.6%。这批新成长起来的"新网络人"还在以惊人的速度不断增长，他们具有独特的新型网络式人格和价值观念，在网络上生活、思考，并形成其特有的网络生活方式和思维模式。(《社交网络对青少年认知和人际交往的影响》，作者：卢静涵)

网络虚拟社区在移动互联浪潮中不断演化发展，而用户间关系的建构可谓是虚拟社区活力与动力的源泉。人们通过虚拟社区的礼物馈赠、共享资源等各种形式的互动，不仅激活了现实社会中潜在的微弱链条，拓展了自身的人际关系网络，同时深化了强连接网络的情感、信任与互惠关系。人际关系建构的目的与价值是要实现资本的积累与相互转化，这一价值共创的过程是虚拟社区中关系建构的独特性所在，主要通过结构维度、情感维度和认知维度来实现。（《网络虚拟社区人际关系建构的路径、模式与价值》，作者：蔡骐，岳璐）

在网络空间里，人和人的传统社交关系被打乱，而以一种新的规则产生连接，且无关血缘、地域、学校和工作，而是单纯地由网络媒体衍生出来的"以文会友"。比如，很多人会发现，"大V"们怎么好像互相之间都是认识的。这太正常了，在网络空间里，"大V"和"大V"之间有着相近的体验和语言体系，也更容易拥有同样的兴趣和才情，这种"惺惺相惜"甚至会超过现实生活里其与身边人的牵绊。

我是一个拥有"大V弱关系"比较多的人，我的手机上有三个微信号，15 000名微信好友，"大V"人数可能早就超过1000名了。有时候，我觉得我对他们比对自己的同事还熟悉。我看过他们的答案，看过他们的主页、微博，看过他们的时间线，知道他们的基本信息——在哪里生活，有着怎样的三观和喜好，也知道他们各自的品性。

即使文字和现实有差距，比如，文风很犀利的人，可能在现实中很温和；比如，答案很理性的人，实际上很感性。但是，这些都是基于一个起码的核心认知之上的，所以一旦接触后很容易破冰，三言两语之间就能一见如故。同时，由于彼此都活跃在一个平台上，一来二去，就容易走到一起。

离得近的，隔三岔五约出来吃个饭、搞个聚会十分正常。不要因为是通过网络认识的就将对方妖魔化，就像相亲的双方不见得就不会产生感情，怎么认识的不重要，认识了之后的相处才真正决定了两个人的关系。

在网络上相互结交了之后，关系的演变就要看缘分和个人了，激发不出火花，关系就渐渐地断了；因为一些原因，一言不合闹点矛盾，甚至彼此拉黑的也有，但是很少很少，毕竟没多少利益关系；因爱生恨的倒是不少，很多黑粉都是由此产生的。

当然，更多的是结交了感情很深的朋友和合作伙伴。社交网络就像一个大课堂，靠得近，就更容易结成朋友，而进入了社会，就很难认识志趣相投的伙伴了。所以，在网上因为相同的兴趣爱好和观点而结识网友，成了成年人新的社交关系的获取渠道。

要想在网络空间里结交他人，首先要充分展示自己，不论是主页的介绍，还是日常输出内容展现出来的三观和学识，都是别人看待你时最重要的评估内容。

其次要主动互动，为他人转发、点赞、写评论，这也是我们在网络世界中释放善意最直接有效的表达方式。发送一份诚恳的私信，表明自己的态度，提出自己的结交愿望，询问对方的意愿。如果你之前已经做出了一定的铺垫准备工作，博主觉得你是一个用心的网友，多半不会拒绝。如果私信石沉大海，一定是你的前期输出还不够。**没有人会拒绝去认识一个有趣的人，无论如何，让自己有社交价值是最重要的事。**

没破裂过的友谊都是"塑料友谊"。 我见过的许多稳固的关系都是破裂过几次又修复好之后才产生的。往往破裂的时候才见人品的下限，也才知情深意重，无法割舍。

感情不深的，仅仅是因为是地理关系或者其他兴趣爱好而一起同行的网友，散了就散了，不必牵肠挂肚，念念不忘。

只有真正彼此交过心的人才会在关系破裂的时候难过和伤心。该复合的时候自然会复合，不要急。

是的，谈朋友其实和谈恋爱一样费心。

朋友也是要分类的。

有的朋友适合一起逛街，喝下午茶，因为她总是惦记着身边的每一个人；

有的朋友适合深夜谈心，因为她既有很强的同理心，又有迫切的倾听欲；

有的朋友就是你单方面崇拜他或者他单方面崇拜你，关系不平衡，但是彼此也乐意；

……

人的一生至少需要108个朋友，不要去要求同一个人满足你所有的愿望。

如果你明显觉得对方跟你说不到一块去，鸡同鸭讲，不要勉强，不要试图包容和迁就，因为你的嫌弃和不认同一定会不经意间渗透出来。没有接触就没有伤害，大家做个"点赞之交"也很好。求同存异的友谊，只发生在成年人之间。我指的成年人，是心理层面上的，而不是年龄上的。

多倾听，少给建议。别人和你聊天讲述困惑的时候，多半是来寻求心理认同的。如果非要你给建议的时候，需要慎重。最后想告诉大家一定要学会独处，你才是自己最好的朋友。

各族群网络住民的认知鸿沟有多大

2019年的"双十一"网购狂欢节来临之际,许多沉寂已久的微信群又开始活跃起来,这些都是因为淘宝的新营销活动——"帮我盖楼""帮我砍价"……这类活动利用用户的贪便宜心理和社交互助动力,进而产生社交裂变的效果。而高冷的豆瓣住民可能会对这样的活动嗤之以鼻。

这就是不同族群网络住民的认知鸿沟。那么,社交关系的价值会因此而放大吗?

有些品牌方想在知乎做推广,并强调希望知乎答主能为他们的店铺引流,发放代金券。然而,他们并没有意识到,知乎的网络生态决定了如此简单粗暴的引流方式只会起到反效果,因为在知乎用户的语言环境里,最有价值的是无利益关系的信任背书,而一旦这个信任背书形成了风气和统一认知,甚至能掀起新一轮的消费潮流,成为时尚风向标。

商家过分在意单一引流的效果只会让自己捡了芝麻丢了西瓜。想当年，知乎资深用户葛巾对"邓家刀"品牌的推荐使得淘宝卖家卖断货，让人纷纷怀疑葛巾是否与商家有利益关系，使得葛巾拂袖而去。这件事不仅决定了后期知乎用户对于营销更加深恶痛绝地封锁，也影响了平台日后的商业化之路。

而这些认知和见解，如果不是知乎"原住民"，是无法感知和理解的，这就是小圈子文化的特殊之处。许多商家来找我咨询，希望我用三言两语解释清楚一个平台的生态和规则，凡是如此轻敌的商家，最后毫无例外都栽了大跟头。

而对社交网络比较陌生的父母一辈的认知，则与年轻网民们有着天壤之别——年轻人趋之若鹜的表情包文化甚至会让父母们震怒。比如，我在微信上发的一个表情符号"求投喂"，竟然气得我爸爸要跟我决裂……

所以，要想清楚地了解一个网络社区的游戏规则，必须花费足够的时间去感受，才有可能掌握好分寸。所以，在招聘运营和营销的时候，我的首要标准就是必须得是一两个社交平台的重度用户。毕竟，如果一个人自己都没有在一个网络社区里获得过认同和喜爱，那么想让他在社区里推广和植入广告又从何谈起呢？

可以说，玩社交媒体的人不一定有网感，但是不玩社交媒体的人一定没有网感。

3.3 如何利用网感获取更多"关注"

初入社交媒体的人,最大的困惑就是如何从零开始,拥有第一波"关注"呢?不可否认的是,当一个账号的粉丝数超过100万以后,就会进入流量的"平流层"①,即使什么都不做,也会稳定增长关注数,即使没有太多原创内容,光靠转发优质内容也能成为一个引人注目的"筛选机器",这样的营销号数不胜数,让许多素人似乎觉得"彼可取而代之"。

但是事实上,真的有这么简单吗?

要知道,引人关注是一个含金量极高的技术活。要想在互联网上用最短的时间获得最多的关注,一定要有迅速商业化自己的能力。

1. 颜值商品

颜值商品除了大家公认的帅哥美女以外,也包括一切有观赏性素材的博主,比如24万粉丝的"暖岛网"②,239万粉丝的"西山人

---

① 平流层介于对流层与中间层之间。
② 一家提供设计师产品折扣闪购的B2C购物网站。

质"①，511万粉丝的"设计青年"②等，都是通过传递有美感的设计图、珍贵的历史照片和配色方案等获得众多微博用户关注的。

将自己的专业搭配上时尚、独特的视觉观赏效果，就属于我们所说的颜值商品范畴。

穿搭博主、生活方式博主、旅游博主、明星娱乐博主等虽然也会被我们划归到生活技能和娱乐影音范畴，但是素材的观赏性越兼容，获取关注概率就越大。

可以说，颜值应该是欲求获得关注的人必须提供的服务之一。比如，微博主页的背景色的调配，需要有强烈的效果暗示，配图要尽可能美观和优雅，让人产生较强的愉悦感。有一个电动牙刷的广告，在微博上投放给了许多博主，但是他们都用了一张血淋淋的牙龈配图，效果十分惊悚，我对引用这张图片的博主们感到"痛心疾首"，他们不知道这一张照片会让他们损失多少粉丝。没有人喜欢在享受愉悦的碎片化时间时被如此"虐待"。

还有一次，我晒我享受美食的生活，在网上挂了一张江湖鸭血的图——就是用了一堆花椒煮出来的鸭血。不一会儿，就有好友发微信求我赶紧删掉，因为他有密集恐惧症，看了受不了。这就是我们在发表内容的时候忽略了"颜值感受"带来的被"取关"的风险，更别说妄想吸引更多关注了。

---

① 人文艺术博主。
② 知名设计美学博主。

2.进阶商品

人的内心都是渴望变得更好的，无论是变得更能言善辩还是更有礼貌，无论是增强职场能力还是人际交往能力，只要你拥有教会他人获得更好生活的技能，你就有可能获得关注。

所以有一种说法是，一个博主最容易吸引到的粉丝是年龄比自己小5岁的人群，因为有一定的年龄差和阅历差才有可能降维输出。当然，这也需要我们在输出优质内容的同时不断学习，尽可能吸收得比别人更快、更好。

举一个例子，当苹果发布了最新的产品或者升级了最新的系统时，你是否能最先研究和琢磨出那些被隐藏的小技能，教会大家更好地使用新产品？

3.价值观商品

"关键意见领袖"[①]这个词，从博客时代便横空出世，并沿用至今。在这样一个思想多元化的网络社会里，大家的价值观参差不齐，年轻人三观未定，所以需要有着正确价值观和表达能力的人引导年轻人的思考方向。

要想提供价值观商品的人，务必要保证自己的三观和逻辑思维以及底层认知是趋向真善美的，否则，水能载舟，亦能覆舟，即使一时"妖言惑众"，也很快会被封禁整顿。然而，我也在很多场合反复强调

---

① 是营销学上的概念，通常被定义为：拥有更多、更准确的产品信息，且为相关群体所接受或信任，并对该群体的购买行为有较大影响力的人。

过，能提供价值观传递的博主才是真正有生命力、有核心竞争力并且可持续发展的网感拥有者，因为这是一个账号的灵魂。

4.资讯商品

新媒体的迅猛崛起，使得传统媒体迅速走向衰落。然而，随着国家监管愈发完善，重要的新闻会更加规范地由拥有新闻牌照的新媒体账号发出，但是个人类博主依然可以发布一些生活日常的资讯，比如本地吃喝玩乐讯息、打折优惠信息，等等，只要你有一些时间差可以拿到第一手的资料，你就可能是那个最受人欢迎的博主。

除此以外，漫画连载，幽默搞笑，特殊技能等则更多取决于个人天赋和专业技术。"三百六十行，行行出状元"，而每个状元都有天生的网红潜质，只要稍增网感的加持，就可以在网络世界拥有属于自己的一片天。

可以这样说，只有深度体悟网络社会里群众的情感诉求，才能更好地为互联网产品找到定位，并且为它找到切实可行的、可成长、可复制、可商业化的网感打造之路。看清网络世界的格局，找到自己的发展战略，有针对性地开发自己的网感之路，才能够真正地在这片充满希望的流量土壤里野蛮生长。

3.4 网感助你快速连接人脉资源

首先，人脉资源并不是狭隘地单指厉害的人的资源。何况很多时候，当彼此的地位不匹配的时候，大佬就算认识你了也不会或者无法给你提供合适的帮助。所以，我们需要的人，很多时候指的是在正确的节点上恰好能帮你解决需求的人。

我之前收到过一则私信，对方邀请我绑定MCN（Multi-channel Network多频道网络的产品形态）的链接，我就随手点开了，结果不小心就同意了，但我根本不知道这个机构，也不知道他们是干什么的，点完了链接也没人联系我，我顿时陷入了"叫天天不应，叫地地不灵"的窘境。

这时候，另一家MCN也来邀请我开通相关业务，对方非常有热情，我就拜托他帮我联系那家MCN机构，并告诉他，只要你帮我联系上他，我就可以跟他解绑，再跟你合作。

这位对接人员很靠谱，立刻就帮我找到了那家机构的联系人——谢天谢地，我终于找对人了。但是他们协商后，没有给我解绑，而是继续让这个MCN帮我向新浪网要资源。

然而，这所谓的资源，其实就是一些僵尸粉。一年后，我有了别的计划，想要解绑，但原先跟我对接的服务人员表示自己已经离职一年了，跟原公司没有联系了。

这下完了，最后一点儿线索就这么没了。

怎么办？微博客服是永远联系不上的。我私信了这个MCN的官方账号，但对方没有理我。我惯常的思路是——**找人，找熟人**，靠人脉解决，谁认识的熟人多，谁就厉害，要是能认识来总就一定可以解决问题。

但这可能要耗费我几年时间，那时候黄花菜都凉了。找个新浪员工帮忙问问？得了吧，新浪有4000名员工，谁也不认识谁。找到对口负责的部门是最难的，他们自己都不一定清楚这件事情该归谁管，可能找了七八个人还是找不对。

等一下，新浪有4000名员工？那他们每天都干什么呢？某天，我无意中听到这样一句话，突然福至心灵，互联网公司都已经是劳动密集型产业了，那肯定有一部分人是专门管理MCN的，这个部门，肯定有自己专门的官微。

于是我搜索关键词：微博MCN，找到了。

我给这个官微发了私信，很快，就有运营回应了我。终于有了可以"说人话"的客服，对方一步一步告知我步骤，然后载入后台，把我的问题解决了。

PART 3　激活关系链，收获网感带来的社交红利

我自由了！

天哪，我太开心了！我顿时觉得自己太厉害了！

这就是我利用网感快速连接人脉资源的典型实践案例——通过关键词搜索找到官微来获取客服的快速通道。

另一个故事是这样的：之前，我的微博一直是"互联网职场精英人设"，但我觉得这条路太窄了，想转型到美妆和穿搭去，我该怎么办呢？赶紧写穿搭干货慢慢培养粉丝？太慢了，效率也太低了。

通过观察和筛选，我找到了一个粉丝数量和互动数据都刚好处于上升期的美妆博主，给她发私信，询问是否有意向互推一下微博。于是，我的职场进阶粉丝经过我的推荐关注了她，她的美妆粉丝也来我这里学习职场进阶……一来二去，双方经过一轮"换粉"操作，内容都变得更加丰富和立体了一些。

这时候，我进行了下一步操作——换品牌方。

像这样还没有大规模运营的"野生"博主，大概率还是个人化运营，没有签约团队，所以，她曾经接过的品牌对她而言就没有用了。于是我请求她把合作品牌方推荐给我，我也将我这里的电影与互联网合作方推荐给了她。短时间内，我迅速连接了很多美容美妆相关的品牌，而她也开始了尝试写书评和影评，彼此的资源再一次得到了互换。

这就是网感给我带来的立竿见影的价值——是的，我并不介意将我和那位美妆博主定义为人脉，能够一起成长，还能一起赚钱，彼此

都能为对方着想，双方尽可能平等置换，坦诚沟通，互相支持彼此的利益诉求。

网感的大前提就是：互惠互利，精准匹配，即时沟通，简单纯粹。如果你也可以从中提炼出对你有效的信息点，也可以获得可以改变人生的有效人脉。

而反面教材就是那些用高级人脉去刷低级人情的人。

比如，教师让学生家长帮忙砍价。

比如，群发消息让好友帮忙投票。

……

再比如，有的人在给甲方寄送合同或文件时，会选择收件人到付。要知道，对方完全可能会因为这样的低情商行为取消几万元的广告预算。

这就是没有用户思维的体现，**而只有从对方的角度思考问题，并精准分析受众，向合适的人提出合适的需求，才能实现资源价值最大化**。否则，只会导致资源错配，白白浪费机会。

希望大家都能学会用互联网的思维去运用好自己的人脉资源，变成一个左右逢源的人。

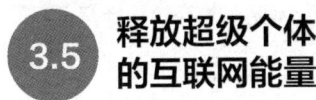

3.5 释放超级个体的互联网能量

我最初之所以会想到在互联网上发声，完全是因为不甘心。没想到，现在的我竟然成了一个靠社交网络吃饭的人。

当初，我只是单纯地希望自己的能量能够影响到更多心智成熟的同龄人，希望我的价值观和阅历可以在这个世界上发光发热。于是，我便开始在知乎回答别人的问题，从分享自己的个人经历开始，摸着网感的石头过了互联网的河，逐渐才有了今天。我自己就是典型的借力网感，释放超级个体的互联网能量的典型。

其实，这样的例子在如今的互联网上比比皆是。比如，旅游类网站马蜂窝网[①]的创业故事也是这样的。马蜂窝网的创始人早期在互联网公司上班，夫妇俩喜欢旅游，也喜欢分享游记，恰巧又会写代码，于是做了一个网站，把自己的心得和旅游攻略挂在网上，慢慢做了四年。后来，去马蜂窝网浏览旅程信息、出游攻略的人越来越多，需求

---

① 马蜂窝旅游网是中国领先的旅行玩乐平台，由陈罡和吕刚创立于 2006 年，从 2010 年正式开始公司化运营，十年来在旅游 UGC 内容领域累积了大量的旅游内容。

也越来越大。于是，他们便开始专心运营网站。如今，马蜂窝已经估值近20亿美元了。

可以说，互联网将个体的能量以不可想象的速度迅速裂变爆炸开来，极大地改变了网民的日常生活。

对于我们个体而言，有时候，你做的一些看似无关紧要的小事，会改变你的命运。

有一次，我去线下演讲，现场只三十多个人，但是那家机构却非常重视，还开了斗鱼直播间。我在等着开场的时候，硬着头皮把直播间链接分享到了某个精英群，没想到一个热情的群友加了我，邀请我去他们公司做一次企业培训。后来，我在这家公司工作了两年，并且告诉自己这是我最后一次给人打工的工作。

有些事可做可不做的时候，我建议你们咬咬牙多做一些是一些，互联网就像是一个聚宝盆，你多用些心思，总能淘出点宝贝，而个体的能量总会在你想不到的时刻大放异彩。

在以前，大家分工比较明确，生活作息稳定，每个人能发挥的能量早就被机制安排得明明白白，但在这个瞬息万变的时代，铁饭碗的概念变得越来越模糊，或者说真正的铁饭碗不是一辈子在一个地方工作，而是去任何地方都有能力工作。

比如，传统媒体人明明有手中紧握的笔，在这个信息爆炸的时代，如果能够勇敢地跨纬度攻击，写出既有传播属性，又不失深度内涵和价值的爆款文章，那么不论互联网时代媒体的载体是否会再从图文转向视频，人人都将有机会传递独树一帜的信息和价值观，为自己，为社会最大限度地创造财富。

"互联网带来的跨界浪潮正在以前所未有之势颠覆传统行业，互联网作为一个产业将会消失，因为所有产业都将会互联网化。"——《跨界》。

训练你的敏锐
网感系统

PART 4

4.1 如何快速感知热点动向

我在带团队的时候,经常头疼的是,最新的热点、行业动态、新闻,平台政策的调整,等等,总是我第一个发现并且传达给团队的。为什么总是我最先知道呢?其他人到底在干什么呢?

一个做市场的专业人士,如果没有搜集一手信息和热点的能力,大概就可以宣布自己的职业瓶颈到了极限了。

所以,严格来说,热点不是被感知到的,等到被感知到时,它可能已经刷屏了。然而,事实上,信息热点是能被高度敏感的人预感到的。所以,我经常在一篇文章只有几百阅读量的时候就第一时间看到它,并且能判断出它在一天后一定会成为百万+的爆款文章。

这种趋势预判能力,其实在豆瓣影评的热评区也会常常见到。举例如下:

为什么有些人的电影短评,总是能出现在第一页呢?很简单,看到热门题材,抢先在最早的零点首映场观看后,写一段最具概括性或搞笑吐槽的文字,随着后续放映观看的人越来越多,最早撰写拥有最广大群众情绪基础观点的人，一定能收获到最高的赞同。所以，这个黄金铺位，是每一位影评人的必争之地。

这就是感知热点动向给我带来的效益。

要想做到，可以按照如下几个步骤来刻意练习：

1. 建一个热点新闻群

让那些跟你有同样需求的人和你互帮互助，当大家看到什么有可能会成为热点的素材时，第一时间丢到群里。在早期，新手的命中率很低，可能还会传播很多谣言之类的素材，不过没关系，当我们这样尝试搜集和捕捉，并且经过一段时间的反馈和检验之后，自然会从中摸出一些规律，渐渐地，你的网感就能通过刻意练习发掘出来。

2. 平时要加一些意见领袖的微信并观察他们的朋友圈

很多人是两极分化的，要么妄想加了大咖的联系方式后做伸手党——坐享其成，要么就是恐惧或者抗拒和大咖成为微信好友，既不愿意分享自己的生活给别人看，也不知道加了之后不说话是不是很尴尬。其实，这些都是不必要的担心，你可以将他们的朋友圈当成微博，那是一手信息的发生地，离现场和记者越近，就越容易捕捉到热点。

3. 行业社群很有用

现在有越来越多的付费社群做得很好，群主大多是经验丰富的一手热点传播者，你只需要付几百块钱的费用就可以获得相对高质量的信息筛选。对于小白来说，这十分划算。锻炼一两年后，你也能依葫芦画瓢，收获自己的热点捕捉技能。

4. 太阳底下无新事

每一次的热点、微博热搜，你都要刻意观察、揣摩，找到它们的共同点。因为人类对于热点的需求大概率是不会变的，只要掌握了大众心理，你就能判断出什么才是最有可能成为下一个热点的素材。

5. 去网站做编辑是不错的练手途径

许多互联网大佬都是门户网站编辑出身，不知道这是不是互为因果的关系。编辑，作为一个在茫茫信息海洋里检索并且根据数据快速得到反馈的岗位，是锻炼网感的最佳职业。

从现在开始，勤加练习吧。要知道，一个不会捕捉信息热点和趋势的人，永远也成不了合格的互联网人。

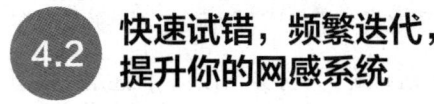

4.2 快速试错，频繁迭代，提升你的网感系统

每次有人跟我说自己要开始尝试修炼网感，运营自己的账号时，都会问我一句："现在××平台简单一些是吧？"

不好意思，都难！没有简单的！也不要问我"我现在的水平行不行"之类的问题，等你行了的时候，数据会证明给你看。

有一个做护肤品评测的朋友很认真地写了两篇公众号后来咨询我，我看了文章后好心地建议道：方向是很好的，但是你还是去小红书冷启动吧。

她就开始叫苦连天：我不会做图，怎么能快速地涨粉（且不花钱）？我的规划里除了评测化妆品，还想要评价产品是否合格，你说我会不会成功？

大多数人在最开始都会面对同样的问题——想得太多，做得太少。但是，这就像学习游泳一样，你不下水尝试，光看理论是永远学不会的。

网感，就是我们的互联网"水性"。

很多人很苦恼，离开校园之后，不知道再如何学习，买了很多书，也读了很多书，报了培训班，做了多份实习工作，但还是糊里糊涂的，总觉得自己不懂的还有很多，也不得章法，想找个前辈带自己入门，又谈何容易。

更何况，网感这东西，是近十年才形成的专有技能，上哪里去找靠谱的书和培训班呢？

我也亲手带过很多实习生，掏心挖肺地向他们传递过很多心得和经验。然而，我发现，他们都听得很认真，也很努力，但真正学会并快速进步的，一个都没有。他们后来都去了别的公司，跟了别的领导，于是我开始打听他们是否有长进，如果有，那说明是我确实教的不行。而事实是，一两年过去了，他们依然毫无进步。

为此，我和一些同样有管理经验的朋友交流，问他们有没有遇到过可以栽培的好苗子，他们纷纷表示好苗子有，但都不是教出来的，而是他们自己学来的。

我最近在拳击馆上课，看到有门课程叫"喂靶"[①]。我笑道："怎么还有专门教人怎么喂靶的课，那不是专门服务对方的吗，谁要上这个？"老师跟我说，喂靶很重要，因为在接拳的时候，你能清晰地看到对方的问题，这有利于自我反思，避免自己犯同样的错误，反应会更灵敏，也更容易破解别人的路数。

---

① 喂靶是同伴或教练员持手靶或脚靶不断变化方向和位置，要求练习者迅速反应，进行击打的一种练习方法。

PART 4　训练你的敏锐网感系统

老师说得很有道理，我们平时是不是都是正向学习的呢？领导或者书籍教我们什么，我们就被动地学习什么，那我们在输出和工作上遇到的问题，除了偶尔被人指出来以外，还有谁能帮我们纠偏呢？其实只有我们自己。

就像健身的时候一定要学会看镜子一样，不看镜子永远不知道自己的问题在哪里。但很多新手就很容易忽视这一点，自己有时也看不出什么名堂来。

最近，我发现了一个私教培训网站，它是教人怎么当教练的，我注册之后，看到了很多免费视频，那些都是学员常见的错误纠正示范，这种感觉就像上学的时候获得了学霸的习题集一样，我立刻像打通了任督二脉一般，自己训练的时候不停观察自己的身体状态，不停地反问自己，这样做之后，我简直进步神速。

如果有关注了我多年的朋友，可能会发现我最近一年微博的文风突变，文笔有了一些微妙的变化，题材也多变了很多。其实，原因是我以前写书的时候发现自己这项短板很致命，但又确实不知道该如何改进，于是转行去了出版公司，专门服务于热门爆款书的营销工作。

这一职业转换，让我站在了写作者的对立面，清晰地看到了一部作品在选题会上立项、成书的过程，以及上市后市场和销售渠道的反馈……这也让我意识到从市场的角度看待作品的重要性，这些经验进一步反哺到我的创作中来。

我会不停地提醒自己，自我纠偏，以至于现在写新书的时候我比编辑还操心，自我删减了很多不利于销售和对读者阅读有障碍的晦涩的部分，这在我之前只能被动地吸收编辑意见的成书过程中是没有过的体验。

我作为生产者，同时又是自己的产品经理、策划人、经纪人、商务……这种打通了正反面环节的学习路径可以保障我的进步速度远远超出同龄人，并且在这条路上越走越有方向。而每做一件事，我都会反问和质疑自己十个以上的可能和问题，以至于所有的风险都在我的预防范围内，这也给了我前所未有的安全感。

这就是我的"网感"习得和提高的真实路径，而我真的很希望身边的朋友都能学会和拥有这种能力，**学习—消化—拔高—复述—自我纠偏**。

其实最简单，保持日更，不管多晚到家都要写作，让网络影响力反哺自己的工作和生活。

为了定期充电，我购买了许多关于写作的书籍和课程认真学习，拜访了各种类型的作家向他们讨教，我自己还有一个素材积累本，负责把我所有的灵感都记录下来。可以说，市面上凡是有头有脸的网红们，每个人都有本自己专属的宝藏备忘录，作家们和编剧们亦如是。

4.3 网感开始飞跃的三个关键点

如果我们把修炼网感这件事看成一个要去完成的任务的话，那么我们就会有时间轴和关键节点，不管是看待早期的网红，比如罗永浩、韩寒、芙蓉姐姐，还是如今的网红papi酱、李佳琦、李子柒等，他们从平凡"素人"到成为万众瞩目的网红，其成长过程一定有其独到之处。

1.过硬的获取用户喜爱的专业技能

韩寒早期完全依靠文字响彻文坛，罗永浩的精辟语录在网上疯传，芙蓉姐姐的大胆行为艺术博人眼球，这些都是素人无可比拟的专业技能。所以，一个企图拥有网感的人，一定要修炼出一项绝对的优势，才有可能运营出基本盘，长期存活。鱼有鱼路，虾有虾路，这需要各自耐心修炼。

2.危机公关能力

能红起来只是第一道坎，随着突然暴涨的名气，人会一下子站在聚光灯下，开始会有来自身边人或真或假的爆料，会有来自四面八方的质疑，也会有各种错误被无限放大后的棘手公关事件。

要想平息舆论，就需要极强的危机公关能力，在第一时间厘清事实，尽可能切断危机来源（如安抚得罪了的路人，修正错误，给出弥补方案，获得关键证据自证清白），用得体的方式娓娓道来地写一篇声明，声明要晓之以理，动之以情，说的也必须全是真话。

只有红起来也压得住场的人，才能真正算是拥有了网感。

3. 制订规则的能力

淘宝的"双十一"购物节将一个原先的所谓"光棍节"，彻底打造成了全民购物狂欢的盛宴，这样的能力，是属于一家公司市场部的网感。而对于社交博主来说，能不能自己定义新的规则、新的名词和新的流派，就是他是否获得了最稀有的网感的证明。

比如，李佳琦的口头禅就成了所有直播卖货红人的口头禅，甚至成了每个人口中的流行语。成为时尚icon（偶像）的代名词，就是头部网红的最有力证明。这需要博主们在长期运营自己的过程中大胆创新，并且使用短平快的符号去强化自己的专属元素，锻炼自己创造流行的能力。当别人都开始效仿、跟风、抄袭你的时候，你才真正"红了"。

这些能力的到来一定是伴随着一个博主的自媒体运营之路而逐渐形成的，前期可以多多观察和揣摩，换位思考，比如，在一个热门事件发生的时候，第一时间先自己代入主角，想象自己是当事人的话会如何处理，如何布局，然后等主角做出反应之后跟踪观察，了解数据

PART 4 训练你的敏锐网感系统

和反馈如何，根据一次又一次的模拟实践习得一些浅层网感。

同时，可以多练练如何抢热门评论，即在热点事件的评论区发表自己具有网感的犀利观点，看看是不是会被认同。抢热门，绝对是素人锻炼网感的不二法门。

好的网感是——

（1）从你的竞争对手，质疑和打击你的"恶人"那里学来的；

（2）从你想成为的那个生活中的网红标杆的细节处理之道中学来的；

（3）从保安、保洁、出租车司机、你爸妈和亲戚们这些最接近"大众心理"的人那里学来的。

而网感不佳的人，大多数都是学生时代的好学生，他们前面的路太顺了，哪里见过这种阵仗，他们只要按时作答老师发的试卷就可以了，何曾自己徒手解锁过什么难题，不栽跟头，怎么会有这些活跃的想法，怎么锻炼思维和网感的敏锐度呢？

对于真正意义上的网感的知识，从来都不是从书本上来的，它们都是你在泥泞的成长道路上摸爬滚打后领悟得来的。

4.4 三招教你抢占第一波红利

在追热点的公众号里,我最喜欢"为你写一个故事"以及"半佛仙人"这两个公众号。他们总能以最快的速度搜集到相对完整的素材,快速还原大部分的事实原貌,并且加入一些引人入胜的观点。可以说,得热点者得天下,他们是真正的网感行家。

作为其他类型的自媒体或者企业品牌,可能很难效仿他们的新闻和热点属性。但是,在我们可以创作的范围内,是不是也可以多一些热点思维和流量思维,让自己的内容大热起来呢?

在这里,我们就不再赘述理论了,而是直接告诉大家教程:

1. 准备你的营销日历

比如图书营销,一定会将一些知名的作者诞辰或者忌日提前标记好,这是让图书获得更多一层注目的理由,其他的类似"世界读书日""京东618""双十一""开学季大促""年度书单",等等,都是我们必须要攻克的一个又一个桥头堡。

在一些注定是大事记的新闻前,比如运动会,比如大公司上市,比如奥斯卡金像奖颁奖典礼……做好积极的、中性的、唱衰的三种不同结果的报道，根据最后的结果第一时间拿出准备好的稿件，再做一些加工，就能在最快的时间里出炉。

营销日历不仅仅是普遍意义上大家通用的节日点，也可以是你根据自己的理解和规划打造出来的意义特别的时间节点，比如"双十一"就是阿里巴巴打造出来的购物节，"1024程序员节"也是互联网招聘网站硬生生造出来的噱头……等你能"造"节日了，提前埋点，即时引爆，你就能成为一名合格的高网感人才。

2. 跨平台攻击

"日光之下，并无新事"，人性都是相通的，那些能够引起大家同样情绪和反应的热点以及特质，只是呈现在了不同的平台上。我们完全可以借鉴一个在国内外已经被验证过了的成功案例，稍微嫁接一些热点元素，将其运用到自己的阵地中来。比如，当看到一个萌猫跳舞的视频大火了之后，可以找自己家的萌娃拍同款。

又比如，在一个新闻里发现了灵感，迅速将其嫁接到自己的原创素材中。

美食圈里，某知名茶饮雇佣黄牛排队制造火爆销售的情形，和互联网圈里通过数据维护手段打造初期爆款引发羊群效应，二者是不是有异曲同工之处呢？

3. 面对热点的高执行力

在雅虎北京全球研发中心进行裁员的时候，拉勾网做了一场现场抢程序员的事件营销。当时，有很多竞争对手也一同去了现场，但是各方面的执行都要落后拉勾网一大截，导致后来的新闻报道里都看不到竞争对手。这就是训练有素的抢热点团队给企业带来的最大红利。

同时，要用鲜艳的招牌和夸张的外星人造型，在新闻照片里抢镜，这是抓住第一波红利的基本功以及技巧，是每一个运营从业者必须具备的职业素养。

而说到高执行力，在处理企业的危机公关时，它同样是决定胜负的关键，而危机公关的操作，同样蕴含着高深的网感技术。

下面我分享一些面对危机公关时的操作，希望大家可以融会贯通，举一反三。

A.快速反馈，搜集信息

在第一时间，先从内网下架相关的产品、服务、不良言论等，从源头切断负面产品，避免舆论进一步扩散，也是在隐晦地表明自己的态度。

第一事件发声现场就是火源，也是所有流量奔跑的方向，掐断源头是最重要的第一步骤。即使有人截图继续传播，也会因为"大本营"消失，"兵力"被分散而导致舆论力量稍微削弱。

建立临时作战沟通群，需要发动项目相关人士，去全渠道搜集链接和舆论发声的消息源，尤其是知乎和微博、各大新闻类App的评论区截图、主流发声的"大V"和媒体机构。第一时间调查事实细节，厘清真相，禁止对外发声。对于询问微信和电话不接，不回，不评论，不扩散，不讨论，一切等待官方意见出炉。

在之前，我就经历过一次跟种族歧视有关的危机事件，这种事件之所以会发生，一般都是没有在前期意识到危机。所以在这种时候，公关部一定是毫无准备的，那么首先要做的就是厘清事实。一切的公关行为都要以法律为准绳，以事实为依据。既然这样，我们需要分头去搜集的资料就要包括：

a. 该事件到底是否是种族歧视，国际上是否有类似先例，这一般由法务和对已有稿件的内容分析得出；

b. 是否需要发声，我们的立场和需要澄清的重点事实是什么。这需要由公司 CEO、公关负责人和业务骨干共同商量决定；

c. 由品牌公关组执行撰写和分发工作，交由法务审核。

d. 发布后的事态发展由品牌公关组跟进即可，注意不要继续搜集负面情绪，以免给员工们带来压力。

危机公关 5s 原则，包括承担责任原则（shouldering the matter）、真诚沟通原则（sincerity）、速度第一原则（speed）、系统运行原则（system）、权威证实原则（standard）。

B. 评定等级

对于这一事件的严重性，一定要定性定量，才好决定后续用什么样的力度去运作。

C. 任务分工

（1）技术-后端协调：需要有人协调编辑、技术和市场。

（2）销售：联系合作伙伴，这需要对接部门的人才分工执行。

（3）新媒体：给出模版，海报设计要协调。

文案：执行人一定要是一个文案高手，必须严格控制文案的措辞。

D. 全渠道推广

注意事项：

（1）一切信息搜集都要在小群内进行或者直接用邮件的形式发送给公关部，切忌在公司大群里喧哗——毕竟，总有"猪队友"会因为知道得太多而添乱。

（2）遇事沉着冷静，不要慌乱，不要被对方带着走。

平时也需要定期培训和明确公关红线，我在阿里巴巴工作的时候，每个人都要做定期考试，而且必须取得满分才行，这也是为了统一行为底线，因为很多人不知道自己会以公司的身份对外发声（包括社交媒体、媒体和公开活动等），而做这些事之前，需要事先经过部门领导的同意。

部门主管对外发布与公司有关的数据和材料时，也需要事先经过审核部门的审核确认。

那么，平时公关部应该做的事情到底有哪些呢？

制订公司品牌公关手册，该手册应该像产品说明书一样明确整个公司的说法、口径，确保员工们不会自说自话，被外人看笑话，也避免反复的沟通协调工作浪费不必要的时间。

充分挖掘公司内各产品的特色，研究竞品，找出差异化，然后量身定制有效果的软文去投稿或通发，并且争取重磅的记者采访机会和行业趋势文内的有利植入。

维护行业媒体关系，时不时地定制一些日历等拜年礼品上门拜访，让对方有什么消息和机会可以第一时间想到自己——这很重要，因为渠道为王。

一年至少要做一次全行业都会关注的大型品牌活动。

监测舆论，以及竞品分析，时刻关注"百度指数"和媒体舆论风向。

管理创始人，特别要提防创始人自己乱说话导致的公关灾难。这样的例子数不胜数，比如2017年赴美上市的趣店，创始人的一句"还钱不还钱不在乎"，就引发了一系列令人瞠目结舌的蝴蝶效应……

对创始团队进行包装，然后将其推销出去，树立积极正面的领袖形象，如果公司里拥有了网红CEO，那做起公关来，就事半功倍了，比如雷军、董明珠和刘强东等企业领袖，他们都是成功的典型案例。

最后也是最重要的一点：要积极响应国家政策。

公关部，应该是公司里对网感驾驭能力最强的部门，既能利用网感汇聚力量打造品牌势能，又能化解危机事件。

除了会接招，还要会拆招，这是一个真正具备网感的全能型人才所必备的。

4.5 未来3~5年，关于趋势和机会的预测与逻辑剖析

总有人问我："将来什么平台更容易出头呢？"

这就像大学生最喜欢问我："××专业有前途吗？"

我可以武断地说，能问出这种话的，都没有前途。有前途的人，不管学的是什么专业，满脑子想的都是"我喜欢做什么，我能做什么，我想把什么事情做好"。

2019年，《哪吒之魔童降世》强势闯入全国票房前三名，而位列全国票房前两位的分别是《流浪地球》和《战狼》。巧合的是，这三部电影的导演都不是科班毕业的。饺子是学医的，郭帆是学法的，吴京更是武打明星出身。

票房高也许不能代表一切，但是票房高至少能证明它在商业上是成功的。

全国有那么多商业片导演，谁不想挣钱呢？为什么他们不能导出这么卖座的电影呢？

有些专业也许只能在学校跟着老师学习，但是对于文化创意产

业，却是只有发自内心的热爱以及一些执拗的坚持才能成功的。

大家都在做直播，而谁又有李佳琦拼呢？他永远都是最卖力的那个；

同样是卖货，薇娅在成名前开的服装店一直是那一条街上生意最好的；

巩俐为了演好郎平，一直跟随中国女排训练，虽贵为影后，她却一直素面朝天地认真做笔记。

学校的教育职能能提高我们职业素养的底线，但只有使命感般的热爱才会带领我们去往光明的未来。

不论随着5G时代的到来，智能设备会发生什么样的变化，"95后""00后"们的成长环境导致社交媒体的趋势又是否会更倾向于短视频。我相信，不管经济大势走向如何，最内核的东西都是关于人性的感知，所以，**对于情绪的共振和对于新鲜资讯的编纂能力是永恒不变的社交媒体硬通货**。因为技术可以通过各种软硬件解决，但是策划和内容产出永远只能存在于为数不多的网感超群的创作者的脑海里，他们通过各种各样的平台去传递，但是并不一定需要自己亲自动手去执行。

随着网络世界的日趋完善，分工会更加细致和具体，也会出现越来越多的网络工作者，帮助我们更好地生活在虚拟世界里，所以，具备最基本的计算机技能，不仅是我们自己，也是我们需要帮助父母去尽快掌握的。今后，连银行、火车站的人工柜台都越来越少，不具备网络技能,我们的生活将寸步难行。

所以,至少在十年内,帮助网络技能不完善的人适应互联网化生存,一定是会继续蓬勃发展的职业,而开发这些人的网络使用潜力,也将是持续的增长点,在这一点上,拼多多就完成了令人咋舌的逆袭。

从拼多多成功逆袭的案例中,我们学到的是从城市回归农村,去下沉市场找流量,找资源,找空间,利用我们从风口浪尖实践得来的资讯,反哺互联网的荒漠地带。相信执行力最强的那拨人,一定会满载而归。

任世界千变万化,我们手里最基本的网感技能,将是我们应对5G时代的利器。

培养网感的六大核心技能

5.1 如何打造一篇爆款文案

关于这个话题，关键明写过一本书——《爆款文案》，他从广告文案的角度阐述了如何创作出可以成为爆款的文案，非常值得我们学习。不过，在这一节我想和大家讨论的此爆款文案，非彼爆款文案，而是一篇可能会有10W+阅读的文章。

我之所以会说"可能"，是因为我并不能保证它百分百有效。我在这里教授给大家的是方法论，但每个人的实操呈现效果可能会千差万别。

1. 找大流量词作为文眼

当我们要制造一篇可能被人群广泛阅读的文章时，要做的第一件事是去看热搜词是什么。这件事，今日头条等各种创作者后台都有数据助手，可以帮助我们实时检测当下的热搜词。

一篇文章如果可以在今日头条到最大力度的推荐，在其他平台也会有很大的概率被疯狂地转发。比如，国庆节期间，对《我和我的祖国》《中国机长》等的相关影评，或者分享自己在国庆假期的有趣见闻，不论是吐槽交通拥堵，还是自嘲在家度过的宅人假期，都能够最大程度地和当下群众产生连接点，如此就拥有了爆款文案生产的温床。话题讨论热度高，文采和角度出众的文章，往往更容易脱颖而出。

2. 站在经典的框架里更稳妥

曾经有一段时间，三段故事加一个总结提升的大道理，再冠上一个可以快速引起读者共鸣的标题，是新媒体圈的标配，这种套路可以极有效地提高文章的打开率，也说明了当下大众阅读的趋势和框架。

如果一个创作者无法发挥自己的核心优势，最终会把自己堵死在死胡同里。所以，必须找到你所在的细分垂直领域里最强的人，参照其谋篇布局去尝试写一些类似的文章，当你把那种节奏和分寸内化成自己的能力之后，你就可以放开手脚书写属于自己的顶级爆款好文章了。

3. 不要追求完美的人设

一篇爆款文案里的人物，不论是第几人称视角，都要接地气，接近群众，要有点小缺点。一本讲写作的书，需要反复强调"要把主角的对手写得可爱、完美，虽然罪恶滔天，但是有逻辑自洽的行为体系，合理得充满魅力"。

你的对手越有魅力，就越能凸显主角的神圣光环。

我们的小品文、小杂文里出现的应该是日常生活里随处可见的真人，他们能最大限度地引起大家的共情，就像葛优饰演的北京的哥张北京,为什么大获好评,就因为这个人物形象有典型的北京的哥的毛病——爱吹牛＋热心肠,这才使得这一人物如此讨人喜欢。

4. 表现方式和视角,至少有一个要技惊四座

中华文化上下五千年的文明,其实早已经把世间百态都描述遍了,可为什么人们还愿意阅读现代作品而不是一味地翻古籍呢?这是因为虽然道理都是相通的,但是人们依然需要创新的表达方式和观察视角。

从这一点上,我要再次提到《我和我的祖国》这部电影了,作为7个导演集体交上的答卷,非常值得细细剖析和比较。为什么其中的《前夜》和《夺冠》两节在网上的口碑最高,正是因为它们情理之中,又意料之外的展现视角。

如果在视角上做不到,那就从表现方式上想办法,比如那年名震全国的高考满分作文《赤兔之死》,就因为在高考考场上以文言文创作一篇完整的作文而令人大呼精彩。**用独创的、别开生面的叙述方式,去展示属于你的独特文风**,是创作爆款文案的一个很重要的路径。

5. 全文主旨一定要脱胎于文化母体

文化母体这个概念,我在之前的内容中已经多次提到。它是所有人的共同记忆点,是血液深处的神经元。要想最大程度地调动大家的共情能力,在表达上一定要脱胎于文化母体。因此,不要妄图在一篇爆款文章里夹带独辟蹊径的奇思妙想，更不要试图挑战大部分人的阅读理解能力来拔高品牌和扩大传播，因为这两件事是天然相悖的。

示例：如何写出一篇有传播力的产品软文？

我们要做的第一步，是仔细研究和拆解产品特点，找到其中真正吸引人的卖点或者噱头。比如，百雀羚旗下的三生花品牌与《小王子》绘本合作的联名款彩妆盘，站在小王子这样一个经典IP的巨人肩膀上，主打"童话""经典""独一无二的玫瑰"这样的少女心向的内容。

恰逢电影《少年的你》热映，易烊千玺再度回归流量巅峰，而借助电影影评，将易烊千玺的少年感和小王子的青春味道相结合，就会顺理成章地出炉一篇有网感，有购买理由的优质软文。

为了锻炼同事们的软文技术，我做了一次文案培训。我布置的任务，是找出三篇自己认为最有广告效果的微信软文。

他们分享的案例，五花八门，有的是"一条生活馆"的电商文案，有的是游戏测评，有的是剧情解析。他们纷纷表示自己是被这篇文章"种草"的。这里首先有第一道漏洞，就是他们找的案例，都是错误的。

自己被种草，和普世意义上的能最大范围地击中目标受众的稿件是不一样的。我们在研究和提炼网感的时候，要注意去除自我的认知对大众的判断和预估。否则一个白领，是否就永远无法获取老年用户和下沉市场用户了呢？

　　后来，我在群里分享给大家被行业认定为优秀的软文案例，要求他们解构这篇文章的套路，并且依葫芦画瓢，用同样的套路、逻辑、框架，去阐述自己的产品。只能先照猫画虎，先习得基本动作，才能慢慢地体味到符合大众传播规律的网感。

5.2 不可小视的排版艺术

如果把作者的写作技能比作一家餐厅的菜品,那排版就是餐厅的软装修,在很多挑剔的食客眼里,好的就餐环境是他们是否选择这家餐厅的重要指标。

除非你是远近闻名的名厨,否则,做一些基本的排版装饰,保证读者的阅读体验是舒适的,是一个自媒体人的基本职业素养。

1.封面头图

新手可以去https://unsplash.com这样的免费图片高清网站去搜索一些通用的风景图、商务图和概念图来做封面头图,封面头图要避免模糊、侵权、比例被拉升或者画面不完整等问题。这些是最基础的,就像一个无功无过的门头,不让人觉得碍眼就行。

但是这样的封面因为太常见了,实在是没有辨识度和个人风格,除非你是在图库里苦苦搜寻,找到了那么零星的非常抢眼,又特别珍贵的图片(这样的概率极低,没有太大意义)。所以,有着专业运营团队的博主们,还是会请编辑自行设计一下封面。

哪怕仅仅是用PPT制作一个底色，再放上几个大字，如图5-1所示：

图5-1 用PPT制作的头图

如果再精细一些，就需要找专门的设计师去设计头图，打上公众号的LOGO，当然，有着强烈的设计感是最好的。

我希望跟大家确立的意识就是头图一定要有自己独特的风格，这样才能让读者在信息流里一眼看到你，并让那些已经订阅了你的读者，有再次打开的欲望和可能。这是非常宝贵的初始流量，一定要珍惜。

2. 顶通栏

点进正文之后，第一屏的位置就是黄金曝光位，在这个位置，要尽可能地立刻引起用户的注意，延续他的好奇，最好还能引导关注。所以，通常我们会在最上方放一张图，并引导用户点击蓝色的公众号名称（见图5-2）。

视频运营从业者的职业病

原创 爱你的Lydia 弹球小姐Lydia 2019-09-28

图5-2 弹球小姐Lydia公众号顶通栏

还有一些编辑喜欢在开头注明全文有多少字,阅读大约需要多长时间。这个贴心的小提醒会让读者觉得很专业,并且可以提升用户的阅读体验,如果阅读时间较长,有些用户就会习惯点击收藏,事后再看。

除此以外,小章节的标题、卡片模版,都能让人有层次分明的好感。

3.正文的参数

字号,我建议选择15号字,字间距1像素,页边距12像素(阅读起来没有强烈的挤压感),两端对齐,首行不需要空两格,两端缩进即可。

字体颜色不要选黑色,选最深度的灰色,这样眼睛看着不会很累。

该加粗、放大、加色块的地方不要手软,现在人阅读起来贪图短平快,不停划重点给他们,他们会感激你的。

你可以安装一个叫**新媒体管家**的插件,这样可以直接在正文里加入emoji表情和小符号,增加阅读的趣味性。直接搜索合适的表情包或者配图也很方便(见图5-3)。

图5-3 截取自新媒体管家操作界面

上图红框里标注的三个功能，是我们在排版时经常会用到的功能。"采集文章"可以直接一键克隆你要转载的文章，所有的配图排版会一模一样地迁移过来，可以避免复制粘贴时出现格式错乱。而永久链接的生成，可以防止预览失效后重复生成的烦恼。

4.文末的菜单栏

一篇文章写完之后，最好出现一个end（结尾）标示，表示全文完。有时候，特定的仪式感会给读者留下一个深刻的印象。

微信公众号还有添加超链接的功能，一般情况下，为了方便读者查阅相关历史文章，一些运营人员会将以往推送过的文章放在文末，点击即可跳转。

除此以外，一个有趣的底部banner（横幅广告）也能够帮助读者更全面地认识你，你可以说清楚你是个什么样的公众号，能提供什么样的阅读功能，你更希望大家为你做什么（转发，打赏，评论）。

到这里，正文的排版就完善了。更细致的运营者还会在评论区进行一番修饰，将优质的评论或者自己的留言置顶，给予读者更多的舆论引导。这样，整个生态就会被运营维护得立体而美好。

一个好的排版并不能让一个不好看的公众号起死回生，但是一份不好的排版绝对有可能毁掉一篇内容质量过硬的好文章。所以，花上半天时间将排版技术彻底学会，一定是一件让你获益无穷的事。

在熟练掌握了基本操作之后，根据你自己独特的风格和调性，打造一份属于你的具有高辨识度的排版，从而帮你强化你在读者心目中的印象，这也是一条独特的捷径。

好的网感，此时则表现为通过文字、图片、排版、VI系统（Visual Identity，即视觉识别系统）的搭建和互动等全套动作去撬动最大范围的受众的心智，赢得他们的喜爱和信任。

可以说，排版是介于文字表达和图片表达之间的过渡地带，所以，一个会排版的人不一定有网感，但是一个网感好的人一定懂怎么排版。

网感 ▶ 在网络世界受人欢迎的基本能力

5.3 你拍的照片和"大V"的照片差在哪里

这一章节原来的标题是"如何P出一张令人惊艳的照片或者海报",但我觉得这两个话题其实说的是一回事,所以就将它们合二为一了。用一句话来概括,就是从图片的维度,打造出自己的网感,实现弯道超车。

我专门花了两天的时间梳理了自己的微博,一路走来,我发现我的博文中除了文字、一日三餐的粗糙晒图到如今精细地打磨和运营的具有网感的文字以外,最明显的就是图片的差异了。早期我所配发的照片,其实更多的是为了"自嗨"。

比如,我会因为过于臭美,而选用九张图都是自己同样妆容、同样角度的大头照。看到这,你有没有一丝熟悉的感觉?没错,大家在朋友圈看到的新晋妈妈们都是这样晒娃的。

自己越看越喜欢,不代表观众也会喜欢。而广为设计师吐槽的"LOGO要大"也是同样的道理。

但是作为消费者,你真的会希望或者愿意看到品牌方的LOGO

吗?那么,到底什么样的图片是有网感的呢?

1. 画质清晰

高像素是基本的,要用有网感的滤镜调整画面的色调。我之前推荐的VSCO就是极具网感的滤镜软件,那样的色调会快速调动大家的嗅觉,让他们感知到你是一个有网感的人。

2. 让画面有丰富的信息量

比如你想让别人知道你很美,光拍大头照不行,还需要有近景,有远景,有全身,有头像,有细节(诸如锁骨、双腿、手、眼部),有一些强烈的暗示性元素(诸如花丛、奢侈品、梳妆台、红唇)。

如果画面能有故事性就更好了。比如我曾经晒了一张自己衣冠楚楚地在巴塞罗那喂鸽子时被鸽子啄得面部扭曲的照片,这张照片获得了我那年朋友圈最高比例的点赞率,就是因为这样一张图综合了所有的元素:旅行,穿搭,好笑,故事(见图5-4)。

图5-4 巴塞罗喂鸽子

如果是一张海报,那么也应该让人唤起五味杂陈的丰富联想,呈现出不止一种情愫，越是差异、反转、对比强烈、寓意深远，就越是能够调动群众的热情。

3.让画面主元素剑指当下主流热词

有一天，我发了一个视频节目的截图，一下子又上了微博热门，一夜之间获得了700万阅读，1万多转发。这张截图，其实是亚洲首位UFC①冠军张伟丽在谈论到找男朋友的话题时自信又通透的回答：

"我们打别人是要钱的，你给钱了吗，你还想挨打？"

视频画面里的她，眼神笃定，表情生动，用词诙谐，我一下子感知到了最后这句情理之中、意料之外的槽点，并发布在了微博上。果不其然，这个博文一下子便引爆了。当时张伟丽还是新晋的冷门比赛冠军，可以在一定程度上满足网友的好奇心和参与感，因而更容易吸引注意力。

有时候，同样是看一张图，有网感的人就能充分挖掘和强化它的信息点，而没网感的人可能会转瞬即忘。

4.善用花字

我们看到综艺视频节目里经常有各种各样的花字，现在很多公众号的封面头图以及小红书的封面图也都喜欢用花字元素。花字因为有一些门槛，所以显得制作精良，且有较强的娱乐暗示，很容易帮你凸显你想表达的文案。

---

① 英文 Ultimate Fighting Championship 的缩写，中文意思是终极格斗冠军赛，是目前世界上最顶级和规模最庞大的职业MMA（综合格斗）赛事。

5.借助所有人都熟悉的母体元素

一张令人惊艳的海报如果过于小众、前卫，那么就意味着它会把大多数人阻挡在参与的范围之外，它必须可以被快速转译成大家能理解的语言，才有进一步传播的可能。所以画面内的信息量要尽可能是大家熟悉的日常事务或者文化图腾，并在此基础上加以加工和改造，杜蕾斯每次的创意海报不就是如此吗？

6.好的技术不如好的创意

很多设计师会沉迷于器材党或者技术流，比如他们在评价知名摄影师陈漫的时候，会认为她是靠后期P图而火起来的。这种酸葡萄心理会成为你前进步伐的阻碍，我看过陈漫大部分的知名作品，不夸张地说，陈漫是摄影艺术家，她的作品已经跳脱出凸显女明星的美丽这个维度，从更高层次的表达去构设图片内容了。

如果你拥有陈漫在拍照时的创意和策划，你也可以那么有名。另一个典型案例是肖全，为什么肖全拍的明星照会成为那个明星最典型的照片？是因为他的后期技术吗？是因为他的造型团队吗？不是的。是因为他能理解和感知到人物最核心、最本质的优点，在他们最自然的时候捕捉到他们最美好的样子。好的摄影师，一定是好的创意策划者。

如果你还是对于如何创作一张有网感的图片感到疑惑，你可以去翻翻我的豆瓣相册，平时我会搜集各种有网感的表情包或者配图，这就像我们的灵感手册一样，日积月累，阅图无数，才能感知到惊艳图片的奥妙之处。

5.4 "鬼畜/有毒"视频的剪辑之道

如果有什么形态或者文化是两代人之间的网感鸿沟的话,"鬼畜"[①]当之无愧,它是我们的父母辈最不能理解的娱乐表现手法之一。

"鬼畜视频"借着抖音、快手等视频APP红遍全网之后,追求网感的营销人嗅到了这背后受人欢迎的秘密,开始改良起自己的产品逻辑。据说,李佳琦刚开始做直播时,也完全找不到感觉,后来改成"鬼畜"剪辑——不停地"OMG!买它买它!"才会一夜爆红。

在抖音红了以后,围绕短视频开发的各种第三方软件也应景地推出了剪辑模版,希望帮助小白们快速入手,学会剪辑魔性视频。但是,魔性的鬼畜视频绝不意味着简单的重复和夸张,它也需要捕捉群众的笑点,再进行针对性的剪辑,从而突出与放大笑点。

[①] 中国指的是一种视频站上较为常见的原创视频类型,该类视频以高度同步、快速重复的素材配合BGM的节奏鬼一样的抽搐来达到洗脑或喜感效果,或通过视频(或音频)剪辑,用频率极高的重复画面(或声音)组合而成的一段节奏配合音画同步率极高的一类视频。

关于这一点的练习,可以去看脱口秀和相声,因为这类表演形式对包袱和埋梗的手法更加系统性,也更炉火纯青。比如岳云鹏的可爱又痞痞的分格,于谦的"抽烟喝酒烫头"梗,郭德纲的"不好意思"……以及脱口秀里李诞和池子的双簧互捧,以让嘉宾出糗为初衷的《吐槽大会》等,在满足大众娱乐需求层面,它们都是一致的——那就是**发觉生活中的那些意料之外又在情理之中的糗事。**

到了短视频时代,同样类型的笑点被背景音乐和萌娃、萌宠的憨厚动作重新演绎,内核依然换汤不换药。一个有志于做鬼畜视频的人,自己也势必是一个脱口秀、相声、喜剧电影的爱好者,所以才能发掘出生活中那些引人发笑的瞬间并加工放大。

从技术层面来说,最主要的几个手法是:变速、混音、踩点。

短视频网站上最常见的则是生活中令人捧腹的失态片段,用背景音乐放大喜剧效果,核心还是群众喜欢"看人出糗"。而现在,越来越多的这类视频是由团队策划,演员表演,多次拍摄和剪辑完成的,而不是纯粹的记录生活了,这种仿记录生活版本的"有毒视频"大受欢迎的原因,也是这类脚本和素材来源于真实生活和民间,让人容易产生共鸣,感同身受,并且相信这是客观存在的,使人得以在闲暇时期得到放松。

除了画面,最重要的还是音乐,抖音上的"拍同款"就帮助大部分小白用户解决了不会找背景音乐的问题,然而,一款视频要想爆红,一定是新鲜的、一线的、最先出炉的,才会有聚集的头部效应。

网感 ▶ 在网络世界受人欢迎的基本能力

而要想获得合适的背景音乐,则需要平时多搜集,多留意,并且从经典的影视作品配乐中寻找灵感——老歌的新诠释,则是永恒不变的鬼畜法宝。

比如,在抖音上爆红的那首《离人愁》,用古风妆容搭配华丽的运镜技巧,活生生地将一个没有乐理基础的歌手捧成了全网热门歌手……这也给原创音乐的营销打开了新思路,用鬼畜视频的画面搭配歌曲,就能绕开众多经典和前辈盘踞的音乐榜单,硬生生杀开一条血路。

搞笑视频最初只是小众的亚文化圈层里的一种表达形态,后来逐渐打破圈层,成为年轻人都能够认可和追捧的一种风格类型,这必然有它的网感所在。如果我们想要制作同类产品,不能只模仿它的形式,更需要理解它为什么会被需要——只有放大素材的魅力,才能真正走进年轻人的心中,掀起新的潮流。

 **5.5 长条漫和H5的脑洞创意**

如果新媒体创作者也分食物链的话,会制作长条漫的人,无疑是更高阶、更有侵略性的生物。他们所具备的带着网感的制作能力,就是他们的利器。

当图文类新媒体式微之后,除了视频外,还有一个强有力的增长点就是长条漫。

这种长图形式的软文的早期流行可以追溯到2013、2014年,代表人物是天才小熊猫和顾爷,配图加文字的形式,以图片表达替代文字表达,结尾意想不到的神转折使观众大呼过瘾,瞬时刷屏。

而如今的这种条漫叙事体以及画风,是由匡扶一手奠定的,他凭借《十年后,如能再见杨德昌》出道,进入到大众视野中。从此,就连擅长写特稿和纯文字的公众号"文案摇滚帮"都彻底转型了,开始在长条漫的康庄大路上一心走到底。

而在2014年屡屡因为最新的交互创意而刷屏的H5,则在2019年彻底退出了社交媒体的历史舞台。再也不会有团队会花3万元和一个月的时间,去制作一条找不到初始流量的H5页面了。而作为运营、产品、新媒体文案等文字创作者,要想跟上时代的步伐,最基本的是要具备创意以及撰写脚本和分镜的能力,而这些,都是有基本格式和套路的。

2019年,在做冯唐的《成事》这本书的营销策划时,我做了一幅《少年,请留步》的长条漫,脚本和成品图如表5-1(每一个数字代表一个分镜,只有这样的语言,漫画师才能根据你的脚本创作出长条漫来)。

表5-1《少年,请留步》长条漫脚本

分镜序号	画面(内容概括)	对白
1	晚上11:00,一个少年,在街头逆行骑车	
2	骑车少年被交警拦下,少年略显惊慌	交警:身份证交一下,车得扣一下
3	少年拿出手机	少年:好的,稍等,我打个电话
4	少年拨通电话	少年:喂,我车被扣了,晚一点过来(语气平静)
5	少年挂了电话,突然手机用力一摔。发脾气	
6	再赶紧捡起,检查看看摔坏了没有	
7、8、9	少年突然下跪崩溃	我错了!我要疯了,两边都在催我!我天天加班到十一二点,我受不了了!
10	失声痛哭	

PART 5 培养网感的六大核心技能

续表

分镜序号	画面（内容概括）	对白
11、12	手机上相关新闻报道	看客：还能哭出来，好羡慕啊。而我，已经很久很久没有机会这样宣泄一下自己的压力了啊
13、14、15、16	掉了一地的头发，发际线，长得青春痘，黑眼圈，一地的烟蒂	
17、18	交警上前安慰，陪伴等他收拾好情绪	
19、20、21	少年哭够了，恢复了正常，微笑着挥手告别	少年：我没事了，先走了
22		交警：车得扣下，明天过来领吧
23	少年愣神后，沉默无语	少年：好
24、25、26、27、28	少年一个人走到地铁口，发现地铁工作人员正在锁门，掏出手机想打车，打开手机屏幕首先映入眼帘的是一串来自公司群的未读消息	
29、30	他没说话，漫无目的地走在路上，坐在一个已经同样末班车已过的公交站台的长椅上，默默流泪	

PART 5　培养网感的六大核心技能

而我们,已经很久很久没有机会这样宣泄一下自己的压力了啊

网感 ▶ 在网络世界受人欢迎的基本能力

PART 5　培养网感的六大核心技能

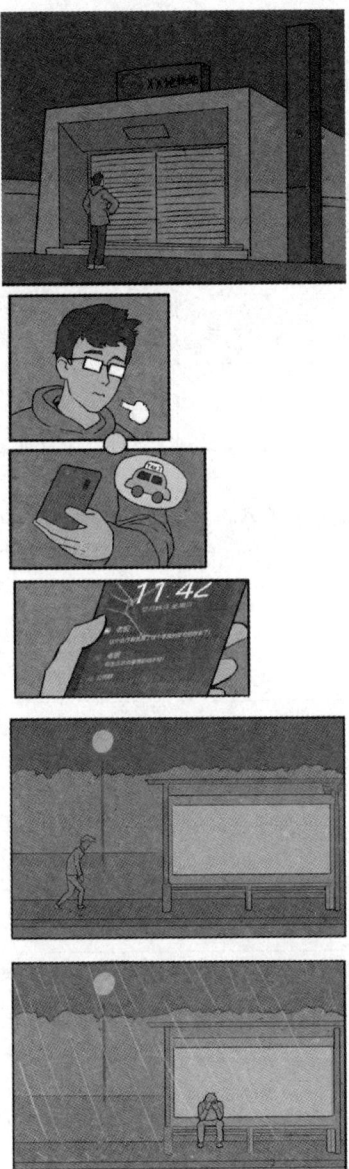

续表

分镜序号	画面（内容概括）	对白
31	一个智者出现，和他搭话，问怎么了	智者：年轻人，男儿有泪不轻弹啊
32、33		少年：猪队友把合作伙伴得罪了，撂挑子跑路了，最后要我来收拾局面，这么大的锅，说砸就砸我脑袋上了
34、35		少年：最后合作黄了，扣的是我的奖金，凭什么
36、37	导师（冯唐侧脸画像）	100多年前，有一哥们比你现在倒霉多了。他头上有个看他不顺眼的大老板，想尽办法给他穿小鞋，同事抱团排挤他，熬了十多年好不容易接着一大项目，还是个明摆着要送命的差事
38		少年瞪大了眼睛：啥人啊
39		导师：他是后来被评为"立德、立言、立功"，被无数伟人视为偶像的"千古第一人"——曾国藩，字文正
40、41	少年眼神逐渐暗淡	少年：可是他官儿大啊，有权有势，我就是一个刚毕业三年的搬砖的，我的老板从没认可过我……
42、43		导师笑笑：你觉得老板是傻，可人家文正公头上是咸丰，清朝公认最无能的皇帝之一，后头还赶上慈禧，你说说谁更惨
44		少年：这……

PART 5 培养网感的六大核心技能

续表

分镜序号	画面（内容概括）	对白
45	曾国藩顶锅的画面	导师继续说：咸丰跟曾国藩的梁子可是结了一辈子，时不时就来找事，砸到曾国藩头上的黑锅可是论吨算的
46		少年：……
47	想了半天，挣扎着说	少年：可是至少他可以告老还乡，不用为生计发愁啊
48	少年在办公桌前崩溃的状态	我们这代人，房价涨那么快，买不起，连婚都结不了，没有兄弟姐妹，将来还要照顾四个老人，想想就不敢结婚，更不敢生孩子……
49	曾国藩高空走索道	导师：你再不济，大不了换份工作，还是能体面安稳地活着啊。可人家曾国藩，活儿干不好命立马就没了
50		等等，谁给你了曾国藩不用为生计发愁的错觉？他当京官的时候，天天给家里写信说希望能赶紧把债还了回家种地
51	导师与少年对话，少年受到了鼓舞，抬起头：	你现在发愁的每一件事，曾国藩都愁过，时代再差，能差的过晚清
52	曾国藩手拿一副牌	导师：曾国藩为什么被那么多伟人视为偶像，正是因为他能抓着一手烂牌，还能打赢

PART 5 培养网感的六大核心技能

续表

分镜序号	画面（内容概括）	对白
53	导师正面形象	他从小就觉得自己特别笨，这也的确是事实。他的资质已经差到了就算是梁启超这样的骨灰铁粉都吹不起来，只能客观地说：在当时的贤达里，曾国藩最为迟钝笨拙
54	主画面同上	他从当官第一天起就没遇到过什么顺风顺水的事情，该惹的人全惹了，黑锅一个也没落下，拿着最差的资源，被分配了最危险的工作
55	主画面同上	他也不是永远都不屈不挠，热血澎湃，最丧的时候自杀过两次
56	主画面同上	他一辈子都在逆风局里捏着一手烂牌
57	导师做出胜利手势	但是他还是打赢了
58	一匹马奔跑状	骏马面前无沟壑，怂人面前全是坎
59	少年瞪大了眼睛，仿佛有火在背后燃烧	
60	导师掏出一本书送给少年	
61	导师手举着一本红色的书	导师：看你骨骼轻奇，送你一本书，是用麦肯锡的方法论解读曾国藩的成事学的至高秘籍

PART 5 培养网感的六大核心技能

他从小就觉得自己特别笨,这也的确是事实。他的资质已经差到了就算是梁启超这样的骨灰铁粉都吹不起来,只能客观地说:"在当时的贤达里,曾国藩是为迟钝笨拙"。

他也不是命运都不屈不挠,热血澎湃,最衰的时候自杀过两次他一辈子都在逆风局里捏着一手烂牌。

他从当官第一天起就没遇到过什么脑风顺水的事情,该惹的人全惹了,黑锅一个也没落下,拿着最差的资源,被分配了最危险的工作

但是他还是打赢了!

网感 ▶ 在网络世界受人欢迎的基本能力

续表

分镜序号	画面（内容概括）	对白
62	少年低头接过书。	
63	书封特写——《成事》	
64	导师悄然走开	
65	人生在世，必须成事	
66	少年抱着书挥手	少年大喊：等等，还不知道您尊姓大名
67	导师回头邪魅一笑	导师：我是冯唐
68	《成事》相关广告语出现 购买链接	

PART 5　培养网感的六大核心技能

《成事》相关广告语出现

购买链接

这样的营销物料，一下子就将一本图书的营销升华到了拥有网感的"有毒广告"这一层面。这条漫画在冯唐的公众号上一经发布，阅读量就获得了当下时段内的新高，用户纷纷表示"万万没想到""这个广告我服"……

这就是网感赋予长条漫的神奇魔力。而创造这样的内容就需要和日常创作新媒体图文一样，抓热点，捕捉产生共情的素材，以及酝酿情理之中，意料之外的碰撞感。

穿透圈层,利用网感玩转主流社交媒体

PART 6

6.1 抖音、快手、B站、直播世界生态法则一览

我的另一本书《人人经济学：不可逆的短视频与直播浪潮》，系统地讲述了短视频世界的生态和运营方法论，如果你需要从零开始做短视频账号，可以去那本书里寻找更加完善的答案。

在这本书里，我更想以一个媒介的观察视角，去聊一聊如何看待这几个主流视频平台的生命力和商业价值——在不打算做短视频的情况下，我们该如何从里面获取自己最大化的利益。

先说抖音，如今，抖音几乎已经成了短视频的代名词（见图6-1）。

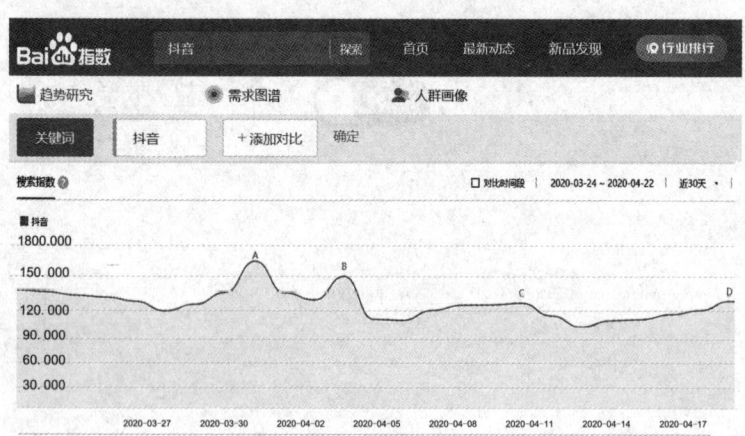

图6-1 抖音"百度指数"

PART 6 · 穿透圈层，利用网感玩转主流社交媒体

如图所示，2018年春天，抖音的热度达到了最高峰。在那个时期，无数大号只用短短两个月的时间就可以从0增长到百万粉丝，单条视频广告报价可以更是高达50万左右，瞬间日进斗金。这样的规模和速度，是令图文类自媒体运营者咋舌的。

抖音的爆火，主要是因为里面的娱乐化内容，基本都是形形色色的生活好笑片段，所以格外适合有镜头语言功底、生活素材丰富、肢体语言丰富、表演欲旺盛的素人。

只要你坚持刷上1000条抖音视频，你一定会明白什么是抖音上大家喜闻乐见的内容，然而，你可能会悲伤地发现：

你—做—不—到！

要么是肤白貌美大长腿，就算走在大马路上也会被星探发掘，要么就是本身就有一技之长的民间奇人，又或者是专业团队，还有的是零星的偶然。怎么学？

但是这并不妨碍我们从抖音的生态上获取它的商业价值。

比如在抖音上爆红的62岁武汉华中师范大学教授戴建业，因为他上课时的视频被机构上传到了抖音上，瞬间圈粉无数，他是这样上课的：

自我感觉最好的人就是李白。李白自我感觉之好，那真是好得你不可理解，他觉得天下没有什么他搞不定的。老实说，他只是有文才、诗才，但是他一直以为他有政治才干，他在四十岁那年，接到了

唐玄宗的诏书，召他进京。哇，他写的诗，"仰天大笑出门去，我辈岂是蓬蒿人。"一看他这个德性就当不了官。

凭借此视频，戴建业一度被人拿来和在百家讲坛"封神"的易中天教授相提并论，他们都成了网络世界里的学术明星。

他们爆红的秘诀是什么呢？就是当大神突然开始接地气。如果你是一个贫嘴小伙儿，是绝对达不到这样的高度的，戴建业和易中天大火的前提，是他们都是名校知名教授，有着神圣的学术光环背书，这确保了他们输出的内容质量是可信的、靠谱的、有营养的、高级的。在这一基础上，再加上接地气，和当下社会语境无缝衔接，想不火都难。

所以，想通过这一路线维持网感的人，要么去寻找光环，要么放开自己，缺什么补什么，这样见效才快。戴建业文集刚上市时，在抖音购物车里放上了链接，转眼间，两千套就卖光了，这就是网红的魅力。

说到抖音的购物车，坊间传闻抖音的购物车转化率很低，在这件事情上，我很有发言权。我试过许多分销和广告投放，最后得出结论，投放的广告一定要和博主所树立的人设高度一致，否则光有粉丝是没有任何用的。比如李佳琦以评测口红出名，他一分钟就可以卖出14 000支口红，但是如果有一天有机会请他在抖音里推书，数据一定会扑街。因为在抖音货不对板所带来的低转化，会比其他平台更加

PART 6　穿透圈层，利用网感玩转主流社交媒体

明显。

所以，一个搞笑类的抖音大号，除非卖什么好玩的道具，否则卖其他东西多半不会取得成功，因为有了广告成分，视频内容的质量肯定会降低，数据会暴跌，更别提商业转化了。

因此，大部分品类的产品投放抖音的信息流广告，我是不推荐的。想一下用户的心情：辛苦工作了一天，准备刷个抖音消遣一下，是冲着找乐子来的，这个时候你跟他说买个逗猫的玩具还好，你让他买个小提琴，他肯定做不了这么复杂的决策。

而确定要投放信息流广告后，广告内容一定不要请广告公司策划，他们懂甲方，但是不懂用户。可以请抖音网红代工原创，他们才是一线战场上真枪实弹实操过的，真理在他们手里。

接下来，我们来看快手。

正如你们的刻板印象，快手上最受欢迎的是什么内容——农民在村头生活的快乐日常。所以快手上的直播电商的转化率是最高的。就如同我们平时卖书是7折一本，而要想在快手上卖出去，需要两块钱一斤。

在快手，大多数广告是小龙虾养殖场的广告，还有化肥、各种小吃加盟店，非常接地气。看看排行榜上头部账号的名字，哪天结婚，在什么时间直播，都明晃晃地挂在名字上，而豆瓣平台是绝对不会这样操作的（见图6-2）。

图6-2 截取自飞瓜数据

但是，快手的生态对内容产出者来说，是最友好的。快手官方不会进行太多人工干预，无需做价值引导，也不想去梳理某种平台标签，非常数据化商业化，只要你的内容在不违法违规的情况下能被人欢迎和需要，你就能快速生长起来。所以，也有一些在别的平台屡屡碰壁的人，却在快手找到了自己的一片天。

中国有多少个体，快手就有多少种情况，所以没有规律就是快手的规律，不试一下，你永远不知道。

B站是这四个平台里，粉丝粘性和互动质量最高的平台，注册制度和弹幕氛围决定了B站用户是被筛选过的，并且有着极强的归属感和身份认同。所以在B站成长，我认为没有捷径，没有运营技巧，没有任何花头，就是老老实实地制作视频，拿出真东西和真心来和粉丝互动。我的朋友在全网有几千万粉丝的视频账号，但他唯独不在B站做植入广告，也最对B站的粉丝互动上心，每天必然自己亲自登陆账号回复评论。

一言以蔽之，B站的"大神"，都是真的视频"大神"，是吃专业饭的，业余选手无法与其比肩。

直播界就是"八仙过海，各显神通"了，中国社会有多少侧面，直播界就有多少种引人注目的方式。但是做直播最重要的前提是一定要有话痨的特性，还不仅仅是会说话就行，还得特别能说。

很多新人刚开直播时可能一个粉丝都没有，试想一下，你能不能一个人自言自语，从头说到尾？

否则你就会陷入恶性循环，越没有人，你就越不想讲话，越不讲话，也就越没有人来你的直播间。我所在的网红圈子里，真的没有多少人能坚持做到这样。

所以，相比抖音和快手，B站和直播是很难从中找到可复制、可迁移的网感能力的，同样，在B站和直播热门的主播，也很少能够制造出轰动全网的热门话题，他们是在一块小众的细分领域里自然生长的一块土壤，有适当的了解即可，若要精通，答案得从你自己身上找。

6.2 看懂今日头条的推荐算法，流量如探囊取物

任何一个创作者都不该忽视今日头条，号称日活2.4亿用户的今日头条，是一个任何人都会觊觎的流量池，同时因为今日头条有着以公域流量为主导的产品机制设计，所以即使没有粉丝从零启动的账号，也可能会获得不可想象的流量，所以今日头条一度成为海量做号机构势在必得的山头（见图6-3）。

图6-3　今日头条推送截图

你可能难以想象，就这么一个简单的微头条，为我刚启动的新账号带来了近千万的阅读量和一万多新粉丝。

从评论区的质量来看，这个数据非常可信和真实。

今日头条一度扶持了悟空问答，签约多位各细分领域创作者来回答问题，账号和今日头条账号互通，于是，一大批以知乎"大V"为

PART 6 穿透圈层,利用网感玩转主流社交媒体

首的高质量创作者入驻,大家一度雄赳赳气昂昂,想在头条的系统内再领风骚。

今日头条到底是一块怎样神奇的土壤?到底谁在今日头条上成功了?正确打开今日头条的方式到底是什么?

首先,我强烈建议所有创作者,无论如何,先注册一个今日头条的账号,这就像商标注册一样,你不注册,就会被山寨仿冒者注册,他们会用你的头像,等你想再进去的时候就迟了。

另外,今日头条的机制,极大地纠正了我作为文艺青年的矫情病,一旦我想任由自己的喜好去撰写内容,系统反馈回来的数据就会给我带来惨痛的教训。

当你开通了头条号后,你可以从后台先看到一些基本的官方教程(见图6-4)。

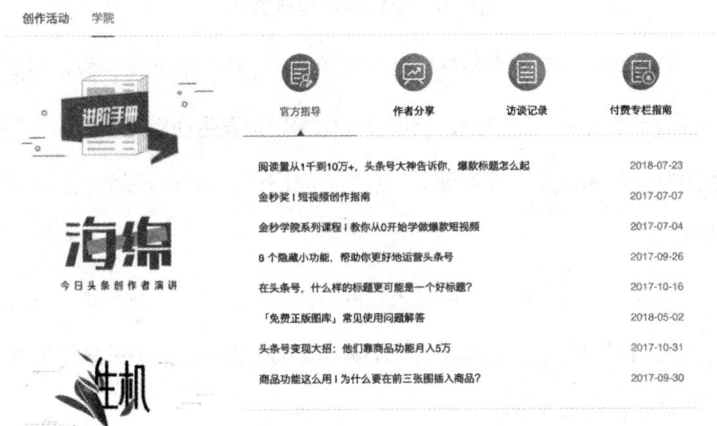

图6-4 头条号官方教程

网感 ▶ 在网络世界受人欢迎的基本能力

将这些教程全部浏览一遍后，你会对在今日头条的发文有一个基本的了解。对于新手和老手来说，这都不是难事，要的就是你真的把今日头条的运营当作一门正事去执行。

我们可以利用今日头条平台学习到什么？

从大数据判断，真正接地气的选题是什么？

我在悟空问答数据最好以及长尾效应最强的回答并不是职场建议，也不是心灵鸡汤，而是下面这个（见图6-5）：

跟老人住在一起，老人的什么习惯是你最不能忍受的？

2219回答 · 1586人收藏

弹球小姐Lydia V ｜ 畅销书作者 代表作《跨越》付费内容测评专家团成员 优质职场领域创作者

照顾他们起居倒还好，最主要不能忍受的就是精神的影响和控制的占有欲。古话都说不听老人言，吃亏在眼前，然而年龄的老并不能代表经验和资历的老，在年轻人的领域他们的指手画脚会带给人极大的烦扰，你不听就是不孝顺，你反驳就是忤逆，仿佛噪音般扰...全文

400万阅读   4409赞   245评论   分享   编辑   设置 ∨

图6-5 今日头条推送截图

这个数据和我在学习创作时听到的一条创作经验如出一辙：如果你要写一个恐怖的凶杀案，一定要让作案场景发生在浴室里，而不是发生在豪华轿车里，因为每个人家里都有浴室，但不是每个人都有豪华轿车。

所以，当我们渴求获得最大程度的共鸣时，一定要选取最多人可能共同拥有的生活经验和场景来举例和选材，而不是那些充满了特殊性和复杂背景的故事。

同理，当我撰写关于网红在被媒介询价时的恼人对话时，一定是

应声者寥寥，尽管那样的经验可能更有含金量和技术性，但是无人关心，就是明珠暗投了。

所以后来我会更倾向于撰写如何在酒局上说祝酒词，如何点菜等话题，而不是讲如何在写活动策划案的时候注意不要写错合作方的名字等事。

1. 评论互动的价值

以前在别的平台创作时，只要内容够好，自然就能吸引流量和认同。但是今日头条的大数据系统是非常关注评论互动和转发等数据的。

为了让创作者显得更有人情味，拉拢与粉丝的感情，创作者养成多和粉丝互动的习惯，这一习惯不仅会大幅提高粉丝的积极性，还能创造出不错的评论区生态。

关于评论区的价值，发掘得最好的是网易云音乐APP，为什么别的平台不可以打造出这样的生态呢？其实，每一个创作者都可以从自己开始，从回复第一个评论开始。

2. 寻找文化母体的宝藏

在《战狼2》成为票房冠军之前，电影行业从业者根本不敢想象从演员转型做导演的吴京可以获得如此多的市场拥趸。这是因为他们忽视了中国人这个庞大群体的爱国情怀这一文化母体。

同样，2019年暑假最闪亮的票房奇迹《哪吒之魔童降世》，也验证了中国人记忆深处的超级符号一旦被运作得当，会有多么可怕的号召力。看看我这篇第一时间写出来的《哪吒之魔童降世》影评在今日头条的分发数据,就能预料到它一定会大卖(见图6-6)。

图6-6 《哪吒之魔童降世》影评截图

所以,如果要测试什么是文化母体,多看看今日头条的大流量词是什么,最火爆的话题是什么,那是最可能接近答案的数据宝藏。

在今日头条耕耘,从站外引流很难,在站内玩粉丝营销等常规营销方法很难,就想尽办法抓大词,找文化母体,跟热点,从跟实际生活联系最紧密的角度切入,是想在今日头条获取流量的不二法门。

6.3 如何用好微信的私域流量

2019年,私域流量一词爆火。但在我们这些网络老手看来,只是换汤不换药——炒冷饭罢了。

很多创作者在别的平台遇到了流量瓶颈,于是会开放个人微信号,想要把人引流到微信上来。这件事,我从2013年就开始做了,到了2015年,我的3个微信号全部加满5000人后,我就停止了这种做法。

因为如果人数再多,我就运营不过来了,如果只是引流,不去和微信好友互动,那这流量也没什么用。

也不能雇用助理或者实习生来处理,这是一门在刀尖上跳舞的技术,要知道,如果实习生顶着你的人设,一旦作出任何不得体的回复,他丢失的仅仅是一份工作,而你毁掉的可能是前途。私域流量里的人,可能形形色色,会提出各种各样的要求,实习生是很难运营得当的,所以这项工作,至今我也不曾,以后也不会假手他人。

私域流量到底要怎么用?除了做朋友圈营销外,最见效的是社群营销。

在这里,我想讲一讲"二进制Club"的故事,"二进制Club"是一个典型的社群营销实验。

当时我在拉勾网任职,我的岗位是运营经理,工作的核心目的就是帮助网站获取更多优质的互联网用户的认知和了解,并且在他们换工作时信任和选择这家招聘网站。

但因为当时拉勾网[①]上很多简历都是毕业不满一年的人投放的,含金量不高,而经验比较丰富的程序员或者高端互联网从业者,都习惯了被猎头来挖,没有人会去主动更新简历。

同时,职场的小白问题也没有办法触动他们,包括平时刷的平面广告和信息流广告,对他们来说也都是司空见惯,要想真正把拉勾网的品牌形象植入这类群体的心智中,就需要和他们产生更深层次的连接。

社群互动,就是解决这个问题的答案。

社群是一种天然的可以产生裂变的模式,而且它的护城河很深,一旦树立起核心群体和核心氛围,很难被复制和模仿,这也是为什么微信很难被来往[②]取代的原因。

所以这个项目的核心目的就是:获取工作三年以上的高端程序员群体,以及资深的互联网从业人士的简历,同时,也获得他们的认

---

① 一家专为拥有3至10年工作经验的资深互联网从业者,提供工作机会的招聘网站。
② "来往"是阿里推出的即时通讯软件。

可。基于这样的目的,我们去倒推方法论,找到他们的需求,契合点就是能够通过深度运营,帮助大家搭建一个可以共同学习成长的干货核心微信群。

大家都可以从拉勾网获取到一些行业信息、跨岗位的行业知识,以及社交关系,这也就是后来爆火的小密圈——它现在已经改名叫知识星球。

而这样的一个核心社群,不可能接受所有人,当然,我们也不需要接受所有人,而是要把它打造成一个品牌,以吸引潜在用户,让他们参与和传播,并且给予一定的机制和门槛去筛选,这就是一个完整的项目,我就按照这个项目的内核去撰写项目方案。

"不以规矩,不成方圆",一个社群的核心到底是什么样的人,我们需要在项目开始之前,明确地设定好。

二进制社群的成员标准:社交平台粉丝过万者;知名互联网公司从业者;初创互联网公司负责人。热情、极客、有趣,这是它的标签。一系列的运营行为,都应该围绕它去策划和执行。

说到这里,一定有很多人会好奇,这些都是形式和载体,那么到底最开始,能够触动程序员这种相对内向的群体的突破点在哪里呢?

我们做了一场线下奥林匹克森林公园的五公里跑步活动。奖品是机械键盘以及运动装备,还拉来了几家专业的健身类商家赞助和领队,除了程序员以外,我们也邀请了相当比例的市场运营的报名者,这些岗位大多是女孩子,长得也都比较好看,她们听说有一场程序员跑步活动,都很感兴趣,想来找机会认识一下,双方的需求一匹配上,这场活动就很有吸引力了。

于是,一个月的时间里,有大量程序员被吸引和吸纳进来,我还看到还有人把活动信息发去了百度、阿里的内部论坛里,并呼朋引伴。一道非常有含金量的信息墙,就这样被穿透了。最后,一共有8000多人要参与二进制社群,这时候,就出现了一个问题,这么多人,该怎么统筹呢(见图6-7)?

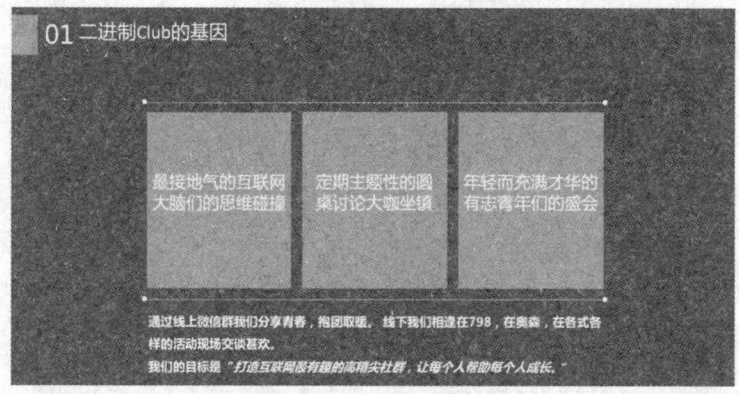

图6-7　二进制Club的基因

我们都知道,社交圈是分层的,人一多,就会产生杂乱的声音,会形成劣币驱逐良币的现象。于是我将社群按照银河星系命名,将意见领袖、程序员中的"大V"、社交媒体网红和创业者等最高含金量的人群吸纳进核心群,其他人则以职业、地域、公司类型等划分为不同的大大小小的群落,通过一些日常运营规则,观察比较活跃、发言有含金量、传播有贡献的人,就像积分体系,只不过相对主观和机动一些,因为人的因素,是很难用条条框框去衡量的。

当时的社群有很多,信息量也很大,我就给大家定了非常严苛的群规:不允许发红包,不允许发表情,不允许发外部链接,也不允许未经群主同意拉人。当时很多人很纳闷,怎么红包和表情都不让人发?

我解释道,这个社群的核心价值在于观点分享,而不是红包和表情这种任何社群都有的东西;这个观点获得了程序员这种极客群体的深度欢迎和认同,他们就开始积极地、自发地维护起了社群氛围和规则,并且乐于去向同事和朋友宣传介绍:拉勾网办了一个活动,还挺有意思的,你们要不要也报名参加看看(见图6-8)。

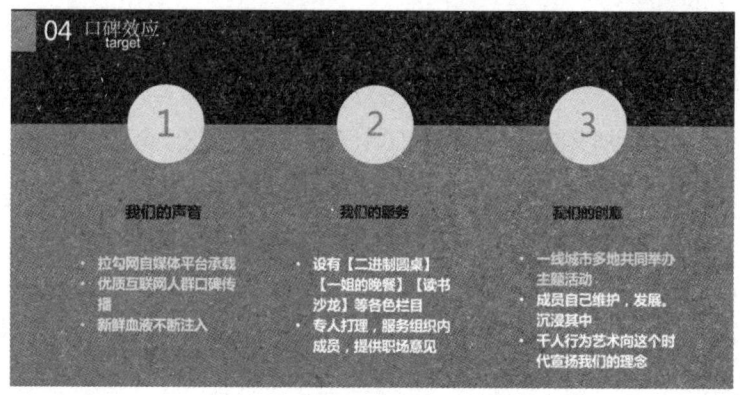

图6-8 "二进制Club"的口碑效应

就这样,在没花什么钱,也没有花费太多人力的情况下,包括我离职之后很久,核心群都还在自发地运营维系着,它已经成了一块大家彼此都有默契和需求的保留地,互相找找人,寻求一下行业资源,信息的纯度也比较高，不会打扰到大家。

如果要真正复盘这个社群优质和正规的原因，主要得益于它的仪式感、品牌感，除了奥森五公里，我们还办了"线下书友会""一姐的晚餐"等活动，去全方位激活重度用户，服务群成员，他们就是拉勾每一次刷屏H5或者文章的传播节点，会因为认同、了解这个公司和公司的文化，而自发地去为它站台和传播，而由于这个人群的社会地位较高，覆盖面又大又精准，所以做成这样一件事约等于可以辐射八万优质互联网行业从业者，而这背后的成本，仅仅是梳理和搭建这样一个框架。

所以，尽管很多人都在感慨流量越来越贵，公众号的打开率越来越低，但是只要我们可以深度地挖掘用户需求，想方设法满足他们，永远可以找到新的刺激和增长点。

而关于朋友圈营销，很难仅仅针对微信朋友圈这一个产品载体去讲述他的方法论，我们将在第八章系统地阐述，个人品牌如何系统打造有网感的个人人设。

6.4 微博大号是如何一步步做出来的

我是从2011年开始使用微博账号的。2013年，我已经可以熟练地玩转知乎。而我在微博平台真正找到感觉，是在2019年下半年。而在这个时候，很多人都以为微博已经充分实现了市场垄断，小号们寸草不生了。

但事实证明，当好的内容是被用户需要的时候，什么时候，在任何平台都不会晚。

关于什么是好内容，整本书都是围绕这个基本面写的，所以这一节，我们直接用方法论来阐释。

1. 取一个好名字

我最后悔的事，就是当初没料到自己有一天会成为网红，所以取了Lydia这样一个名字。起这个名字是因为我很喜欢飞儿乐队的这首歌，当时网上也没看见有人取过这个名字，就觉得这歌知名度这么高，一定能蹭上热度。

万万没想到，40%的人根本没听过这首歌；50%的人不认识这个单词，不会念；60%的人认识，会念，但是会拼错，拼成lidia，linda，等等。

在传播上，这个名字就错失了许多传播红利。

什么是好名字呢？冯唐这个名字就是一个顶级的好名字，马伯庸也是，王诺诺更是。

好名字首先应该是像真名一样的中文名。

其次，好名字要能和自己的产品调性有某种气质上的一致性，或古色古香，或学识渊博，或古灵精怪，朗朗上口。

于是我痛定思痛，在纠结了三年之久后终于取回了中文名，"李嗲"已经是不得已而为之，使得改名损失最低、利益最大化的名字了。

鉴于微博不能有同名，所以你要尽可能想一个不用带后缀就可以注册的好名字，并且最好能让人一眼看出来你是做什么的，你可能创作出什么样的内容，名字是不是能让人眼前一亮。

2.先做好账号装修

所谓的装修，就是个人简介、头像和基础粉丝数，你的前50条内容要保证是高质量的原创内容，这样才能留住用户，让人对你接下来的创作内容有所期待。

如果你实在不知道什么样的账号会让人关注，那你可能需要再刷3个月的微博。

在写作前期，方向要高度专一，写宠物护理就只写宠物护理，写旅游就只写旅游攻略，写两性情感就只写情感，千万不能什么都写，如果你不知道自己擅长写什么内容，觉得自己什么都会一点，但是没有特别突出的，需要不断试错的话，你可以去今日头条试错，推荐算法会更快地帮助你。微博已经过了野蛮生长期了，无法再试错了。

3.降维攻击

前面我已经提到，微博已经过了野蛮生长期，所以随便洒洒水都会填补空缺的时代过去了，我们要想做出微博大号，就一定要做得比别人好。我的办法是，把在知乎写过的专栏问答的内容，放到微博里，而且不用微博的文章工具，就放在短微博内容框里。

因为微博头条文章还要点进去一次，用户多了一个步骤，我要减轻他们的交互和不舒适感。

这样，大家在刷微博的时候，本来习惯了看一些碎片化的信息，如果突然看到一篇干货满满且内容翔实的内容，一定会眼前一亮。

因为用户内心在拿别的博主的短微博内容和我的长微博比，那我肯定是良心博主了。

但是同样的内容如果去和知乎大神的回答比，或者微博专业"大V"的付费文章比，我就毫无竞争力了。

田忌赛马的故事，再一次得到了印证。

4.利用好热门内容的评论区

我们常常会在热门微博下看到发小广告和卖灰色资源的账号，要知道，金钱是最聪明的，这帮靠着灰产做生意的人，是不会做没有回报的事情的，为什么他们坚持抢评论区，就是因为有效，所以我们这些内容创作者，为什么要因为矜持或者懒惰，把这样的黄金铺位让给别人呢?

多去热门微博的评论区输出带有你个人特色的评论内容,千万不要是敷衍的"哈哈哈哈""太对了"等没有营养的评论,而应该是像引流用的网络小说开头一样,有故事有情节,有悬念有亮点,让人一看就欲罢不能,进而想点进你的微博查看详情。

如果你还是学不会,那你就需要去学SEO[①]。

我就是通过一条微博评论,获得了留几手的微博互关。

有互关,那接下来的互动,就大有可期了。微博千万粉丝大号的互动,和天上掉下来的钱有什么区别?掉下来的钱你不抢,那只能活该你穷了。

5.打入抱团小集体

当你积累到了一万粉的时候,你就可以去寻找小团体抱团取暖了。如果你有别的领域的小团体集体迁移到微博来当然最好,但是我的实操感受是没什么用。因为大家都是移民,都水土不服,再怎么抱团也都是一群格格不入的异类待在一起瞎玩儿。还是要去找微博本土的真大号才行。

多刷刷微博,你总会发现一些号喜欢和别人互转,所以,你可以真诚地给对方发私信,询问他是否接受互转,只要你的粉丝是真实的,足以打动五万粉丝以下的博主。

---

① Search Engine Optimization 的缩写,汉译为搜索引擎优化,利用搜索引擎的规则提高网站在有关搜索引擎内的自然排名。

实在不行，你还可以付费去做微博推广。

当你发现一些微博内容明显有爆款趋势的时候，你一定要舍得下重金投入，向那些大号发出请求，花一些钱求他转发，如果对方也认为你的内容很好，多半不会拒绝你。

如果你有了固定的抱团小集体，那你的春天就来了。

6. 充分利用粉丝素材

树洞类的内容和账号，是最容易做，它的商业模式也是最良性的。任何一个博主输出3个月都会掏空自己，这个时候，利用粉丝素材去发挥，就会进入到新的阶段。如果一开始没有粉丝投稿，你就伪造一下粉丝投稿做示例，后面自然会有粉丝效仿。

7. 不要触碰敏感内容和话题

微博上有相当一部分公知型博主，喜欢讨论社会新闻，经常和网友们吵得不可开交，粉丝数也涨得很快，但是这种类型的账号风险极大，一旦言语失当，轻则会触犯群体利益，伤害他们的感情，重则违反法律法规被封号，所有的付出就都打水漂了。

我们是来探寻网络世界受人欢迎的秘籍的，不是来玩火的。

8. 坚持，坚持，再坚持

不可否认的是，运气也是一个账号是否会做成大号的重要因素，我们很难确定运气是不是会到来，但是在这之前，如果你自己就懈怠了，运气更不会降临。保持日更3年，运气再差的人都会被幸运女神眷顾。如果你坚持了三年也没有任何突破，给我发私信，我来帮你。

6.5 豆瓣，被遗忘的精神角落

如果你找来一个公关公司，要一份全渠道的刊例报价[①]，会惊奇地发现，一直以来，最贵的是各种视频节目植入（抖音都是后来才有的），其次是微信公众号、微博、知乎和各种新闻媒体，最后垫底的是豆瓣。有多低呢？十万粉丝的豆瓣网红，一条广播的报价是1500元，而这，是包含税和中介费的，到了豆红（豆瓣上关注者较多的人）手里，可能就是500元，更不要说5万粉丝以下的豆红那点约稿费，和如日中天的新媒体市场上的流量价格不可同日而语。

关于豆瓣的日常媒介玩法，我在《全栈市场人》里已经做过了详尽的介绍。那么，除了一些鸡肋的投放，豆瓣到底能不能玩出花儿来呢？

---

① 刊例价是指每家媒体官方对外报出的价格，根据媒体的知名度、发行量、发行区域等因素，每家媒体都会核定适合自己定位的刊例价格。一般实际刊登时都会给客户有折扣，不同的媒体也有不同的折扣，视媒体内部的规定而定。

PART 6　穿透圈层，利用网感玩转主流社交媒体

2018年底，我入职果麦文化后，惊奇地发现豆瓣读书频道在图书公司竟然有着不可或缺的喉舌地位。放眼全网，很难在其他平台找到如此集中的真切地热爱读书的书迷，以及热衷于专业点评和争论出版问题的同行们。同行多，并不是坏事，因为同行一样是图书购买的主力人群，尽管同行相轻，会让编辑们做的书的瑕疵被无限放大，但是正是因为有这样一种良性压力存在，才让我坚定地认为，豆瓣应该是我立刻收复的失地。

于是我给自己立下了目标：半年时间，成为豆红！

这个目标并不意味着我成为豆红后可以多接一两百块的广告，我是想充分了解这个平台的机制和原理、风土和人情，以及为什么它可以慢而不垮，甚至因为电影被打了一星，而让明星和导演们紧张到诉讼。

第一步，修改账号信息，我看了50个头部账号的主页简介，发现他们风格各异，那他们的特征是什么呢？

（1）主页风格明显，让陌生用户迅速明白自己能从订阅获得什么价值，互联网时代的价值无非就是"薅羊毛""哈哈哈哈好好笑""呜呜呜好动人""新鲜！酷！洋气！"如何体现呢？从账号名到主页介绍，再到文字风格，都有着较大程度的集中体现；

（2）功能使用完备，既有相册，也有日记，既有书评，也有影评，连留言板和关注人列表都能透露出自己的特质和讯息（见图6-9）。

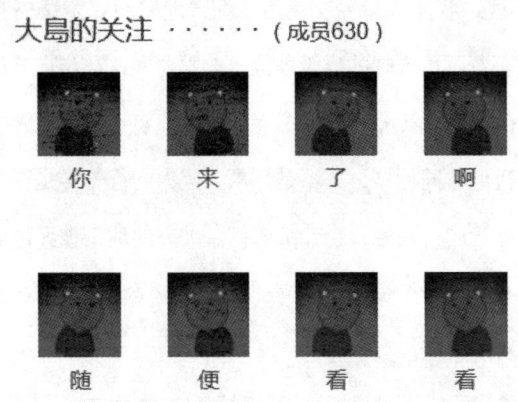

图6-9 连关注列表都可以玩出花来的豆瓣用户大岛

（3）动态鲜活，爱憎分明，有强烈的人格属性和情绪起伏。

可以说，豆瓣是一个人内心世界最丰富的反馈了，也难怪豆瓣做的春节campaign（活动）口号叫作"我们的精神角落"。所以，在豆瓣可以真实地反射内心，找到同类。soulmate（灵魂伴侣）难寻，但在豆瓣上或许可以。

能打动我的特征，一定也能打动别人。而对于那些我看不懂或者不感冒的高粉用户，说明我学不来，也不是我的菜。扬长避短，专攻一隅。

第二步，搬运旧文，废物二次利用。

我相信不论是什么平台，凡是能触发传播和共鸣的内容，都是通吃的，也许个别篇章会有运气上的差异，但从概率上来说，一个新媒体行业的老手，应该是仿佛进了新手村一般降维攻击。果不其然，持续搬运一个月以后，一篇爆款为我带来了近百万流量和五千粉丝，我的原始积累，就这么完成了。

这告诉我们什么道理呢？如果你是新手，你要做的并不是每个平台都玩个半吊子，你应该专注于一个你最熟悉的软件，将其用到极致，打磨出用户们最喜欢的内容，网感一旦被打磨出来，就应该是赢家通吃的游戏。

第三步，善用社区新功能。

我小时候，爸妈吃晚饭的时候一定会带着我看新闻联播，然后点评几句。有什么用呢？因为新闻联播里所公布的新方针、新方案一定代表着未来的趋势，它对我们的生活、工作和事业都是有指导意义的。

同样一个软件的官方更新后多出来的新功能，一定是红利期，是运营和产品人员最关注、资源最倾斜的地带，善用新功能，就意味着你和官方站在了一条线上，利益一定是最大化的。

那么豆瓣的新功能是什么呢？话题浏览。

如果你留意的话就会发现，这简直就是知乎热门话题的搬运。对于已经有知乎账号的人来说，简直就是无缝衔接。

以PC端界面为例：

点开话题广场，可以看见各种新鲜话题，如果想选择精准话题，点击右边的"分类查看话题"，可以按类别找到最符合自己主题的话题，24小时话题趋势和知乎热榜以及微博热搜榜的功能类似，可以让你看到社区最近流行讨论的话题是什么。

网感 ▶ 在网络世界受人欢迎的基本能力

选择一个你最想参与的话题(见图6-10、11、12)。

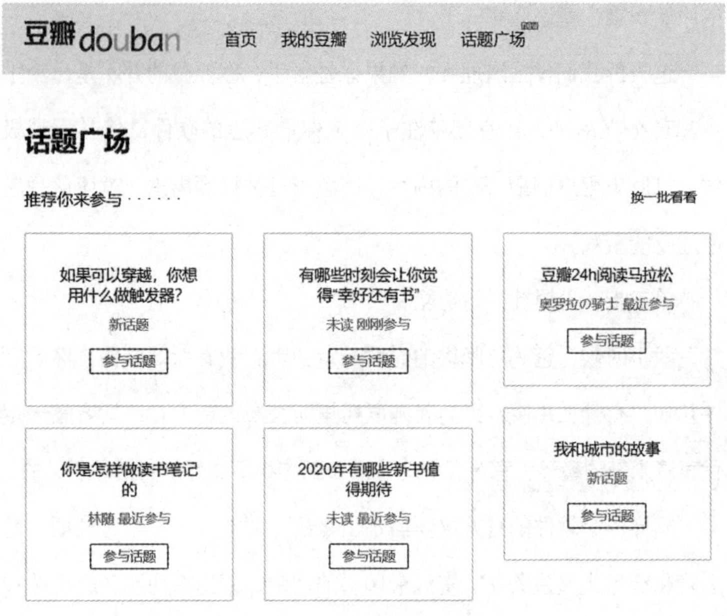

图6-10 豆瓣话题广场截图

图6-11 话题详情截图

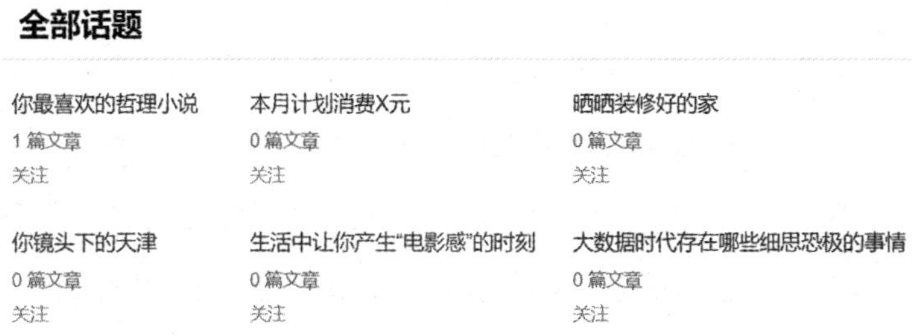

PART 6　穿透圈层，利用网感玩转主流社交媒体

全部话题

你最喜欢的哲理小说　　　本月计划消费X元　　　晒晒装修好的家
1 篇文章　　　　　　　　0 篇文章　　　　　　　0 篇文章
关注　　　　　　　　　　关注　　　　　　　　　关注

你镜头下的天津　　　　　生活中让你产生"电影感"的时刻　　大数据时代存在哪些细思恐极的事情
0 篇文章　　　　　　　　0 篇文章　　　　　　　0 篇文章
关注　　　　　　　　　　关注　　　　　　　　　关注

图6-12　"全部话题"部分截图

点击"直接写日记"，或者关联上已有日记，日记就会得到关注这个话题的人的推荐，而这，就是非常宝贵的初始流量来源。

纵观所有的SNS社区，它们的逻辑大同小异，只要是生产对用户有价值的信息，而不是"我们自己想要传达的信息"，就都可以通过技巧获得正反馈。

有的人会说，如果不是我自己想要传达的信息，我怎么会有灵感和动力去写呢？这就涉及网感的训练——通过一次又一次的练习，将自己的意志包裹进对大众有用的信息中，即俗称的夹带私货。但是，这一定有一个大前提——它对大众有用，然后才是个人目的。

如果实在不知道如何领会这一要点，可以去一家媒体公司或者自媒体账号担任一段时间的编辑，编辑这一岗位，对于社区所需要的优质内容的筛选有极大的锻炼和验证能力，时间不用长，三个月足矣。

一线互联网企业里的运营从业者们绝大多数都有过编辑的从业经历，这是绝佳的练兵场，千万不要错过。

而豆瓣平台本身的特性还有哪些呢？

"丧"和"文艺范儿"，是两大动脉。

丧，并不是说对生活彻底绝望，更多的是对生活的嘲弄和对自身的挖苦，所以，敢于自黑的品牌就非常适合在豆瓣做"丧文化"营销，将品牌特性包裹进自嘲和哭诉的情绪化动态里，非常利于传播。

而文艺范儿自不用说，许多主打文艺风的店铺和产品，都会选择在豆瓣小组里购买置顶广告位来获取初始流量曝光。但这还不是最有网感的玩法，真正的网感是拥有营造潮流和趋势的能力。2016年爆火的手账就是典型之一，通过豆瓣走红后，各类手账一度成为文具市场和图书市场的畅销品。

还有很多新闻的源头，都源于豆瓣小组的爆料。从这个角度来讲，豆瓣也非常适合营销事件的操盘手和自我炒作的高手来试水。只不过，豆瓣网友里卧虎藏龙，一旦被人识破，会很难收场。

著名的豆瓣读书里的"一星运动"就是对这种营销工作的反抗形式，如何拿捏好分寸，用高明的方式引导用户自发参与，将作品或者事件本身应有的曝光水平呈现出来，就是营销工作者工作的意义了。而过分虚假，罔顾事实的"水军打低分"行为，势必迟早会被反噬。

水能载舟，亦能覆舟，网感亦如是。

6.6 从零开始运营你的知乎账号

我从2013年开始玩知乎,每天都在观察和研究如何运营知乎账号,经历了从0到20万关注的全过程,也着手操作过知乎机构账号,实现了零预算、冷启动,3个月破万关注的运营成绩。同时,我也亲手操盘过许多百万流量级别的全网爆红的问答帖子。

在此,我想和大家聊聊——新人如何正确地利用知乎平台做品牌。

首先,有几个步骤是科普扫盲阶段必做的:

(1)像个真号;(2)做点铺垫;(3)做有计划的引爆试验;(4)掌握答题技巧;(5)图文并茂;(6)抱团取暖;(7)剑走偏锋。

完善你的账号名称,取一个可以被辨识和记忆的名字,选择人格化的头像,标注好个性签名、主页介绍,说清楚自己是谁,是做什么的,兴趣是什么,擅长的答题方向是什么——这非常重要。

只用1秒钟的时间,就能让网民决定要不要关注你,所以,如何巧妙地展示自己的价值以及人格魅力,是你开设账号前需要花一定的时间想清楚的事情。

做铺垫的意思是，你可以先和现实生活中熟悉的同事、同学、网友互相关注，写一些跟自己过往经历有关系的基本答案，比如来自什么学校，大学里发生过什么样的趣事，这样的历史行为描述能够为你起到良好的背书作用，并让别人心里有数，进而能够快速判断出跟你是不是兴趣相投，在认知上是不是有共同点。

有计划的引爆试验，是最难的，即使是头部的营销大号，也每天都在头疼这件事。

所以我的做法是一边做一边观察数据，最后终于找到了一些屡试不爽的元素，比如：美食、地域、互联网八卦、职场探讨、情感、生活方式……这些话题属于大标签和大流量词，很容易全民参与，所以，在这些范围内找到一些独特的角度会很容易让你获得那15分钟成名的机会。

其中，最屡试不爽的就是造概念。比如，**佛系90后、逃离北上广、程序员鼓励师、1024程序员节**，其中最顶尖的案例莫过于"双十一"了，它愣是把一个平凡无奇的"光棍节"变成了一年一度的电商狂欢节。

所以，能够创造规则的人就是最先获得红利的人，并且能成为一个母体，让其他人源源不断地跟着来贡献流量，而不是到处去别的母体那里蹭流量——这才是做市场运营最事半功倍和一本万利的打法。

PART 6　穿透圈层，利用网感玩转主流社交媒体

我的领导跟我说过：那种到处去蹭流量，硬推广的行为都是地面爬行，而好的创意是会长着翅膀飞起来的。这句话彻底击中了我，从此以后，做任何项目时，我只做最重要的那三件事，把它做到极致，然后就坐等流量开始源源不断地发酵。

当然，这种功力是在一次又一次的知乎热帖里练就的，知乎上的精彩问答，是绝佳的练兵场。

当然，"全栈市场人"也是我想打造的概念，可惜没有太火，就算是我的练手尝试吧。

在知乎答题显而易见是有技巧的：

（1）寻找关注人数在200—5000之间的问题比较适合新手。因为当一个问题有了一个新的回答时，有一定的概率是会提醒那些关注了此问题的人来查看新回答的，这就是非常重要的第一道"陌生自然曝光"，而关注者过多的问题又必然是一个被反复讨论过的旧帖子，有着非常多优质的高票回答，作为一个新人，是很难杀出一条血路的，所以不如选择难度适中的问题来做冷启动。

（2）热门评论霸榜。如果你能在优质答案的评论区做出一个可以被顶到最多的回复，也是一个不错的曝光途径。知乎的评论区也非常优质，只要你说得有理有据，妙趣横生，角度清奇，也很容易获得关注，当然前提是你选择在一个爆红的大牛答案下回答，又有着精妙的回复。不过若想运营好知乎账号，这应该是你

的基本功之一。

（3）注意答题逻辑。先回答提问，再列出自己的理由和根据（出处），最好是有知名理论支撑，最后可以适当地衍生表达一下自己个人的倾向和判断。按照是不是（是什么），为什么，怎么做来回答，是最保险的思路，能够让别人一目了然，迅速抓到你的观点。

（4）评论区互动。及时和评论区互动，补充完善自己的观点，并且及时更新，能够让群众感受到你讨论问题的诚意，愿意保持关注，而不是一个冷冰冰的发布机器。

（5）语言幽默风趣，文风犀利，脑洞清奇。这是核武器级别的加分项，当然，这是天赋，无法强求，但是你可以稍微训练自己如何让晦涩的理论听起来是说人话，接地气的。

至于图文并茂这一条， 大家很好理解，需要注意的是，如果你可以自己绘制图片，并通过图片巧妙地表达你的观点的话，也是个人能力的充分展示，不要吝啬去使用它。

抱团取暖这一条， 多人容易误解它为抱团点赞，其实不是的。说实话，就算让全知乎排名前200的"大V"都给一条答案点赞，也不见得就能把它以及这个账号推起来。点赞，说穿了就是信息流，而信息流的转化率并不是万能的。更不要说刷赞的难度和风险有多高了。

我所指的抱团取暖是能够充分发挥知乎的社交属性，在线上线下结交那些三观一致、行业相近、地域相同的好友，然后通过接触和工作合作，发生一些切实的共同经历，并且在将经历和经验整理成答案发布的时候，自然而然地引入多人曝光。你很难再找到另一个平台，可以像知乎这样容易和"大V"成为朋友。

当然，前提是你是一个有趣、有用、有料，能够给别人提供价值的人，话说回来，这依然是运营一个账号的基本功。你要给别人一杯水，首先要自己有一桶水的道理，放之四海而皆准。

至于剑走偏锋这一条，准确地说就是差异化你的观点，或者差异化你的表达，否则茫茫信息量的海洋，很快就会将你吞噬。

语言风格比较有辨识度的人，无论在哪个平台，都非常容易吸引流量和目光，多关注几个有特色的账号，慢慢模仿并且找到适合自己的风格，是你出位的最重要一步。

另外需要说明的是，知乎自己的热榜、编辑推荐、知乎周刊、读读日报、知乎官方微博微信和知乎圆桌等各种产品，都是知乎运营人员想尽办法给认真回答的知乎用户曝光以及流量支持的方式，多去看看官方的判断和喜好，更有助于你借助官方的力量，建立自己的知乎品牌。

说完了个人账号的运营，我们再来说说知乎机构账号的运营法则，基本的概念和逻辑大同小异，但是在具体的操作上还是有明显的区别。

首先，作为一个崭新的机构账号出现在这个平台上时，一定要完善好足够的基础设施。比如，基本资料的设置，在主页和签名上写清楚企业的广告语和使命，让用户一目了然，知道你们是做什么的，关注你们能获得什么。

对于内部员工以及初期消费用户引导关注机构账号，使其看起来不是那么的"三无"用户，以及一些基本的公司简介和业务介绍的文章，自己可以先放出来，作为一个基本的说明打底。这些基础决定了你的曝光是不是能有效达成转化。有的机构账号运营的同学连基础的事情都没做好就急着去蹭热点，是在做空中楼阁的白日梦。

做好了基本账号建设之后，我们要做的第二件事就是去搜索企业相关的关键词，将真正消费者和用户困惑以及关心的问题做一个基础统筹，这是新媒体之于品牌真正的意义，可以连接消费者和企业，成为沟通的桥梁，像我们在微博上如果需要投诉，只要@一下企业的官微，就会有人迅速处理和回复。

同样，未来的知乎机构账号也会越来越重要，承担起企业宣传的核心地带，所以搭建这样一个互动和反馈机制也是做机构账号必不可少的事。

而在这一方面做得最成功的是知名博主"乐纯酸奶"，在"办公室有哪些适合吃的零食"这道题目里，乐纯酸奶以一道图文并茂的优质长文，成为全知乎前十赞同量的爆火帖，并且在文末大大方方地给自己引流，带来了十万多新增用户，这就是展示专业带来的强大威力（见图6-13）。

PART 6　穿透圈层，利用网感玩转主流社交媒体

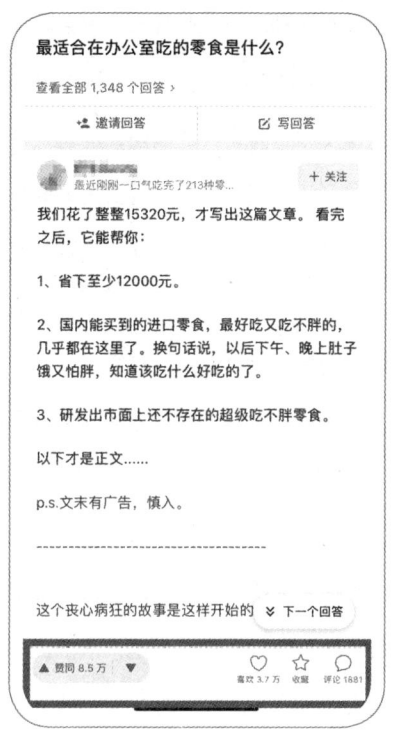

图6-13　知乎截图

这两件事做完，一个机构的企业账号就会有几百个初始粉丝，并且，你也已经能够大致熟悉平台调性以及规则了。这个时候，就可以尝试大规模的引爆策划了。最合适的方法，是在自己所属的行业里去占领各个话题榜单的第一名，发挥自己是这个行业的专家的真正的作用。

比如，在摄影论坛，就应该拥有最优秀的摄影教程教学能力；在技术云平台，也应该是技术上最前沿的行家大咖。在垂直细分领域尽

快地做到第一可以形成强有力的专业背书,也会吸引到精准的用户群体,对于展开公司的专题合作以及粉丝运营活动大有益处。

而机构账号因为天然的商业目的属性,运营技巧又略有不同。比如开篇第一段非常重要,要镇住全场,吸引大家的目光,那是最宝贵的曝光位,因为它决定了读者会不会展开全文看到底,会不会决定去给你点一个赞同。

最常见的开篇手段是:反对以上所有答案,作为行业里十几年来的一线专家,或者一些俏皮幽默的开场方式,都是不错的选择。然后在叙述原理,回答问题时,一定要注意深入浅出,用通俗的、有趣的、浅显易懂的语言,将一件事情有条理,有层次地说清楚。

要知道,一个面向大众的专业社区,谁讲的最对是很难说的清楚的,因为评委是大多数不懂的观众,但是谁讲的最精彩、最幽默、最有趣、最清晰,让人一看就懂还能会心一笑,是会被赞同的。

另外,知乎机构账号的图文并茂则要注意版权是否规范、正版,避免麻烦最稳妥的方式还是用一些手绘的示意图、表情包、数据图表,甚至于教学短视频,都会对答案的传播度有极大的帮助。在这个信息爆炸的时代,如何在尽可能短的时间里传递最丰富的信息,是机构账号运营者的基本功。

最后,在答案里和其他优秀的答主、"大V"互动也会让机构账号更加人格化、真实化,有些答主和机构号关系比较融洽,可以互相站台捧场,互相补充;而对于一些和自己意见相左的"大V"、机构号也不用惧怕得罪,可以大胆地质疑和反驳,这个社区是欢迎有理有据的辩驳的,如果可以,形成百家争鸣、众人追评的争论帖,机构号很可能一战成名,获得自己的影响力和关注度。

另外需要注意的一点就是,答题思路一定不要是一本正经的严肃风格。比如关键词是什么,你就真的老老实实照着这个关键词阐述,一定很难出彩,我们更欢迎熟题新解,就是一个老掉牙的,被无数人说过的事,是不是能从新的角度加以阐述。

比如,当时我们看到一道题目叫"你见过的最残忍的照片是什么?"然后运营的同学就去找了很多残肢断臂的战争照片,我就跟他说,这些照片仅仅是血腥,也太直了,并没有什么了不起,我们一定要拔高一个维度去阐释它。

于是,我找到了一组两岁小孩手举真枪的新闻照片,立意是真正的残忍是从根子上将天真烂漫的幼童培养成恶魔,也展示了图片库的丰富的资源和一手资料的新闻属性。这个答案带来了三万多的赞同,很快我们的机构账号粉丝一路飙升,并获得了新榜的新锐机构账号奖项。

可以预见,如果原先仅仅是普通的残忍血腥的答案,可能这个回答不复存在了都有可能。这是一种答题的重要逻辑和考量,希望也能对你有所启发。

6.7 小红书的正确打开姿势

小红书社区是近年来电商"种草文"绝对无法回避的流量池,那些当红博主——一群精致、富有、貌美、潇洒的小资女性——背后代表着年轻女性消费群体近乎疯狂的购买力。

输入"小红书""运营"等关键词,在百度和知乎上搜索,你一定能搜到大量的账号运营攻略,如如何写笔记,怎么加 emoji[①] 符号,图片质量要高,要多跟粉丝互动,可以关注"薯管家",看"品牌合作人"相关笔记,取一个带数字的夸张标题,等等。

这些具体的细节大家上网看教程可能更有实效性,但是如果你不是专做穿搭美妆的博主的话,单纯学习这些教程的时间成本太高了,不划算,因为你会发现也许有外面的博主入驻小红书成为"大V"的,但却没有从小红书走出来的"全网红"的大IP。

[①] 表情符号,来自日语词汇"绘文字",绘指图画,文字指的则是字符,可用来代表多种表情,如笑脸表示笑、蛋糕表示食物等。在中国大陆,emoji 通常叫做"小黄脸",或者直称 emoji。

这和平台的土壤内容特性有很大的关系,它适合专门的买手去做套路化运营,这些套路你只要模仿10篇笔记就能学会,它背后没有真正的网感。

我们要学会的网感是什么呢?

2019年3月,我们出了一本文学公版书——《山月记》,它本来是一本没人关注、没有预算的非重点书,在发给一个一万粉丝左右的小红书小号写笔记之后,一夜之间,这本书成了出版界的爆款,使得这本书一跃成为年销20万的重点书,并"红出了"小红书,在微博和抖音上,相关推广视频也大放光芒(见图6-14)。

那篇笔记的标题叫作:如果你很迷茫!自我拉扯!一定要读《山月记》!

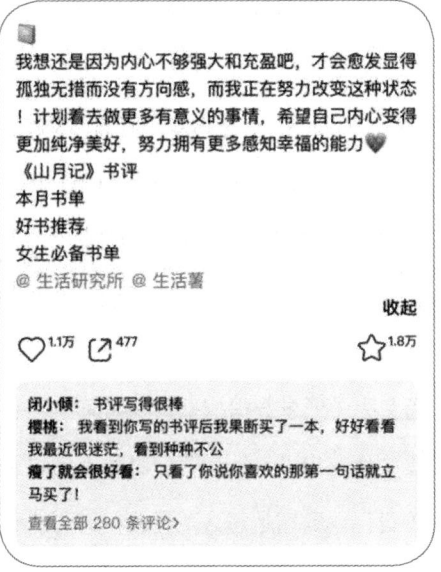

图6-14 小红书截图

这给我们带来了巨大的启示：

一般来说，出版社会怎么推荐这本书呢？日本文豪中岛敦；常年入选日本国语教材的经典读物；川端康成力荐；每个人都是驯兽师，而那野兽就是个人的性情；日本虚无主义的开端……

怎么样，看了有什么感觉？

一眼看去，和书摊上所有书争先恐后的广告语毫无差别对吗？

你是畅销全国，他是被翻译成8国语言；你是托尔斯泰加持，他是鲁迅、冰心的启蒙读物……

然而，这些显而易见的广告语，都只能证明你的产品有多"好"，却没有阐述它和读者有什么关系。

而小红书的博主，因为习惯了这种"帮你3天去除鱼尾纹"的利他性语言的表述方式，所以采用了这样一个直击心灵的标题，读者一看就会自我代入，我很迷茫！我也自我拉扯！这本书能给我答案！

我们发现了这一玄机之后，立即对全网的营销物料文案进行全盘修改，突出了这句话，果然，销量一直高歌猛进。即使后来有别的出版社也出了这本书的其他版本，但是也只是昙花一现就销声匿迹了。

是的，恰当地使用小红书推文，可以帮你发现电商文案的真正发光点。

曾经，一篇名为《通过数据挖掘，我们研究了完美日记的两大增长策略》的爆文横空出世，让运营们眼馋不已的靠小红书爆火的美妆新品牌完美日记，到底是怎么做投放和运营的秘密展示在了大家面前。

我仔细读了三遍,却发现真正可借鉴的经验只有两句话:

(1)完美日记声量的主要提供者是初级达人和腰部达人;明星和知名人物带来的声量反而微乎其微;

(2)通过私域流量的运营增加老客户的复购。

现在的用户已经过了盲目跟风期,更信赖来自素人的看似真实的推荐,这就要求我们在运营账号的时候真实真实再真实,千万不要去搞华而不实的套路,没有亲切感就没有感染力,没有感染力不能引导用户行为,这就是没有网感的行为。

另外,第一篇小红书笔记往往都有流量红利,所以,你必须准备好文案再上场。

关于在小红书上如何运营和增长曝光,我的建议是:

(1)对于一些和化妆有关的热门大词,在百度搜索引擎里,小红书的笔记有更高的曝光权重,所以应该以"卡位"思维,去想办法抢占最终在百度搜索里对于关键词的抓取的权重,这才是小红书账号运营利益最大化的思路——不论你是从什么细分领域切入,最后都尽可能去"抢夺"热门词汇。

(2)关注"薯管家"等官方小红书账号,知晓平台的最新规则和运营政策,跟着大哥有肉吃。

(3)多用一些emoji表情包和小红书自带表情来增强内文的可看

性，模仿最热门的笔记的谋篇布局和排版格式，让人一看就觉得很有"小红书味儿"。

（4）可以多参与一些小红书热门品牌的评测撰稿，比如范克、完美日记等，会有很大可能被品牌收录笔记，这些品牌也是权重很大的账号，无形之间，反而是你借了大品牌或者大账号的力。

（5）一定要有清晰的数字，尤其是涉及价格。可以理解为小红书的用户是女生中那群喜欢研究和考据的美妆发烧友，和男生们研究耳机、音响、汽车性能一样，她们会从各种数据维度去考量比对，所以应尽可能地用数字和客观描述来呈现产品，而不是你的主观判断，会使得笔记更可信。

（6）突出你的身份，会增加你的笔记的可参考价值。同样一款美白霜，对不同的人群来说就有截然不同的性价比。同时，你的身份如果是留学党或者高端行业的从业者，也能突出一层人设光环，让人愿意追随你，比如，"清华美女学霸"，就是一个人人喜爱的金字招牌。

（7）一定要会排版，会做设计图，会用PS软件。在小红书这种平台，追求更美的女生们对感官的介意程度非常高，如果你的封面图和拍摄图片不能吸引她们，她们是不会对你的推荐产生兴趣的。

（8）当最新的单品或者有希望走红的爆款出现的时候，第一时间去购买评测试用，等你的账号有了足够的数据时，才会谈及人带货。所以不砸成本是不可能的。

网感洞察：换汤不换药的全平台运营思路解析

在这一章内容里，我详细地描述了各个平台该如何运营。可是，总会有新的平台出现，一旦出现了本书内未提及的新的流量池，我们可能就没有应对经验了。那么，有没有可以一通百通的运营思路呢（见图6-15、16）？

或者，换种说法，如何去学习运营的总体思路呢？

图6-15 李嗲Lydia 虎扑主页截图

图6-16 "步行街"帖子

以虎扑网为例。一次,虎扑网运营邀请我去"步行街"这个栏目发一个关于职业爆料的帖子。

这是一块我很陌生的领域,也是一块未知的巨大流量池。然而,当契机来临,我想第一时间抓住它。

是否有运营邀请你,其实不是问题的关键。要知道,一个平台的运营的权限一定是有限的,他顶多能给你加上一点点推荐量,让你的内容曝光到大家面前,但是如果你的内容不好,有了流量也白费;如果你的内容足够好,就算你自己不动手,也会有人忙不迭地帮你搬运过来获取流量,所以,不要本末倒置。

先做好内容产品,运营和流量会主动找上门来。

当遇到一个新平台时,我第一时间自己注册了全平台通用的昵称和头像,写了一份尽可能一眼就能让人明白我是谁的自我介绍——这里的自我介绍不要太长,也不要文艺兮兮的不知所云,15个字,说清楚关注我对你有什么好处即可。

这特别像以前相亲市场流行的8分钟闪电约会。就是一群陌生的男女随机分配,并用8分钟的时间彼此了解和聊天,时间一到就立刻换下一对。等全部聊完之后,你可以跟你之前觉得最合适的继续约会。

后来著名的一分钟领导电梯演讲实验与它有异曲同工之妙,大意就是如果你有一个机会和老板同时坐电梯,那你有没有办法在电梯抵达楼层之前的这段时间内让老板记得你,并且接受你的项目提议呢?

这短短的账号简介的背后蕴藏着被反复打磨的产品定位,而这一产品,就是你的社交账号。

完善好账号后,要去流量最多的"广场",以最快的速度在可以吸引所有人注意力的话题区迈出第一步。

就好像你上街卖艺,要第一时间亮出你的绝活儿,才有可能吸引到第一波观众,这样即便后面的表演"水"一点儿,大家也还是会忍受的。但是,如果开始就无法吸引别人的注意力,之后还没有让人眼前一亮的绝活,怎么会有人给你捧场呢?。

我认为,职业爆料的话题是长盛不衰的话题,不管你去任何平台,都可以先谈一谈我现在这一行的日常。所有人都会对别人的职场生活感兴趣,就算是电焊工来分享焊工界不为人知的有趣故事,也会吸引很多人的注意力。

网感 ▶ 在网络世界受人欢迎的基本能力

如果你的职业非常平淡，平日的工作就是端茶倒水，觉得没有可分享的事情，那一定是你的日常观察不够细致，思考不够，网感还没锻炼出来，你需去继续修炼内功。

有了职业背景人设之后，再从你的职业背景角度去分析其他的东西，比如，你是一名插花师，遇到明星结婚这样的大新闻时，就可以说一说他们的花艺布置得怎么样；你是一名设计师，可以设计一张电影《哪吒》的同人海报。这些都是拿本专业套热门话题的通用套路。这样的套路，放之四海而皆准。

此外，还可以关注该社区的创始人、官方运营账号，以及其他头部账号，多关注他们的发言习惯、最新政策、调性和风格，多模仿，多互动，多释放善意——所有人都喜欢同类。而什么是同类呢，无非就是大家用同样的"黑话"和梗，认知接近，交流起来毫无障碍，而你还能有一些属于你个人特色的见解和学识，没有"大V"会不喜欢这样的朋友，如果他看你是一个有潜力的账号，顺手提携一下就不在话下了。

最后要做的事就是卡位。比如我要是准备在虎扑有一番作为的话，要主打的点一定是虎扑上"教直男谈恋爱的一姐"这样的人设。一旦你卡住了这个位置，后来者效仿你的也只能为你赋能了。虎扑球评第一人的人设，就是张佳玮——可以通杀全平台杀手锏级博主。

那么，虎扑的"足球宝贝"和"篮球宝贝"又在哪里呢？

想一想，是谁在树立BAT【中国互联网公司百度公司（Baidu）、阿里巴巴集团（Alibaba）、腾讯公司（Tencent）三大互联网公司首字母的缩写】这样的概念，又是谁打造的TMD【T指头条（即今日头条）、M指美团、D是滴滴】的第二梯队的概念？

大概率是这三个公司里实力最弱的那个。

当你能领悟这一道理时，你就可以自豪地说你拥有网感了。

生活中受人欢迎的秘密武器

PART 7

网感 ▶ 在网络世界受人欢迎的基本能力

7.1 你有自黑自嘲①精神吗

每一天打开微博的时候，最热门的板块总是些娱乐八卦、明星绯闻。在这个全民热议的话题下，我们常常最能洞悉群众的喜好和意见。

2019年，顶级流量明星吴某某，在参与综艺节目因为一段关于拉面的freestyle（即兴说唱）被全网嘲讽时，适时推出了新歌《大碗宽面》，瞬间成为网络流行曲，拿奖无数；吴某某也因此成功吸引了许多路人粉丝，拥有了"real（真实）""傻白甜"②"呆萌直男"③的新标签，并从流量艺人开始慢慢转型，收到了业界不少尊敬和认可。

吴某某聪明在哪里？他放下了自己的身段，自黑自嘲不算，还干脆拿来做梗，固定自己身上的性格和特色。在新歌推出之前，吴某某

---

① 自黑是网络热词，自黑既是一种境界，也是一种沟通方式。自我解嘲的同时也是一种压力下的自我释放和治疗。
② 网络流行词汇，意思是指尽管桥段有些老旧，但普遍不乱洒狗血，比较美好温柔甜美的爱情故事；或指在这种爱情故事里的女主角，个性没有心机甚至有些小白，但很萌很可爱让人感觉很温馨。
③ 网络用语，多指可爱、温柔的男性。

惊现某街头面馆，为素不相识的路人买单，这样简单的一件事，瞬间引爆了当天的娱乐话题，手法不可谓不高超。

自黑自嘲这一行为所对应的令人讨厌的，便是"端着"。端着即刻意用夸张或者虚假的包装掩饰自己真实的状况，并试图收获他人过高的赞美和认同的行为。在物质水平不高的年代，拥有一辆小轿车或者大哥大就可以让邻里乡亲羡慕不已，哪怕背地里要吃糠咽菜度日。

但是在如今，时代发生了变化，大多数人在达到了小康水平后，心态变得越来越平和，对于高高在上的架势不再是一味的谄媚心态，人们变得更加自重，同时也更自信，当然也更喜欢那些拥有高级别自尊和自信的人——即敢于直面嘲讽，认真审视自己的短处，并以轻松幽默的方式化解的能力。

具体到网络上，我们要如何使用自黑、自嘲的技能呢？

1.自黑、自嘲保平安

我们经常看到许多网红明星被人扒皮，比如学历造假，整容，秀恩爱却人设崩塌……可以说，每一个把自己送上神坛的网红，从一开始就注定了被拉下神坛的命运——如果一个人过于优秀和完美，要么会显得不真实，失去别人的信任；要么会真的因为太完美遭受他人的妒忌，不论是哪种心态，都是危险的。

这种错误我一开始也犯过，归根到底还是心虚，想通过伪装强大来获取安全感。后来，我就开始注意时不时自黑自嘲一下，放低自己的姿态,也坦然接受一些负面的声音并抱持感谢的态度。

在我的豆瓣主页的自我简介上,我放了这些介绍性文字:滞销书作家,照骗。并且时不时以自己惨淡的销量和修图技术来写段子,生活日常的撰写方式也更多是吐槽、卖惨,被老公欺负或者欺负老公的日常。

这几年,我已经很少遇到非常激烈的网络舆论暴力了,一方面是我的心态确实好了很多,知道什么该说什么不该说,有了网感,另一方面也是我重拾"人间烟火,饮食男女"的人设,为我减少了很多质疑和谩骂。

2. 自黑、自嘲的分寸

记住,自黑、自嘲的重点是自己吐槽自己,而不是吐槽别人。

很多人拿捏不好分寸,看到别人自黑自嘲,就傻乎乎地跟风吐槽,这就是拎不清的典型了,在生活中拿别人自黑的点去开玩笑,很容易惹人讨厌。

如果大范围地嘲讽某一共性的人,还容易被指责打"地图炮",这样的争议对于网络博主来说是影响力极其恶劣的负资产,一不小心就容易人设倾覆,因此千万要避免。

也有人自黑自嘲的分寸没拿捏好,成了负能量满满,自怨自艾,自我矮化,这也会极大地降低我们网络形象的个人魅力,没有人会去喜欢一个一无是处的人,有些缺点如果违背公序良俗,还会被认为不以为耻,反以为荣。

这个分寸如何掌握呢？作为需要构建影响力的自媒体，你一定要有自己的人设标签和核心竞争力，就像作为商家，总要有对客户负责的东西。这一项服务，你是不能自黑自嘲的，就像演员不会自嘲不专业不会演戏，但是可以自嘲脚臭；写作者也不能自嘲不会写作，但是可以自嘲长得不好看。

你对自己吃饭的手艺应该拥有充分的自信，并且不断追求技艺的精益求精，这才是对关注者的基本诚意。

3.如何应对他人的自黑、自嘲

那么，该如何应对他人的自黑自嘲呢？回以三个字："哈哈哈"，就可以了。

7.2 将你的朋友圈经营成你的作品

朋友圈,是当代人最熟悉又陌生的微信好友发布动态,分享生活和见解的"信息广场",但是很多人并没有认知——这种基于朋友圈的弱关系,在很大程度上,能影响到我们的切身利益和未来发展。

我去北京的第一份工作,是一个微信好友转发了一则招聘启事后联络上的;

我去阿里巴巴的工作也是这样来的;

我的社交圈,大多是基于朋友圈的互动发展而来的,他们中的很多人,成了我的良师益友和合作伙伴;

我还有一些朋友做着朝九晚五的清闲工作,在收入不太高的三线城市里,没有更多的职业机会,他们通过在朋友圈卖货,获得了不菲的生活补贴。

你会发朋友圈吗?

大多数人一定会一脸茫然,朋友圈有什么不会发的?

你从朋友圈里获得过什么吗?不论是赚到10 000元,找到一个工作，还是找到了一生的挚爱？

如果你觉得这是天方夜谭，那说明你真的错过了许多。

网感缺失，会造成人的"感知雷达"失灵，很可能命中很多机会就在手边，却和你擦肩而过了。

1. 会用心经营朋友圈的三种人

（1）微商。微商是最典型的需要在朋友圈里做生意的人群，他们将朋友圈当成了自己的黄金铺位，每日勤勤恳恳地更新千篇一律的产品介绍和图片，会让许多人厌烦到拉黑和屏蔽。当然，也有许多微商将自己的生意经营得红红火火，赚得盆满钵满。

对于这些微商群体，有许多更专业的人瞄准了这块市场。在这里我就不展开说了，纯电商的玩法和我们所想打造的网感略有不同。

如果要描述具体的不同，可以理解为微商是和客人做生意，只要服务好产品好，就有客户主动找上门来；但网感则像是给那些想寻求真爱，试图打动人心的纯情少男少女的恋爱宝典，追求的是灵魂的碰撞和心跳的感觉。

这两者没有高低，只有目的不同。

（2）创业者或高管。拥有自己产业的社会地位较高的人，有包装自己、展示自己实力的需要，因为他们的朋友圈有很多投资人、潜在合作伙伴以及员工，他们需要像孔雀开屏一样来获得他人的信任，这有助于事业的顺利开展。

除了展示优越以外，他们因为对世界有着较多的理解和判断，也更喜欢转发宏观分析的干货文章,既是给自己做收藏备份,也是分享给身边人,希望共同学习和讨论。

(3)话唠。也有一种人,特别喜欢分享生活中的点点滴滴,今天去喝咖啡,明天去吃甜品,要是有了猫猫狗狗和孩子的话,那更是不得了。从这样的人的朋友圈,你能深度剖析他的内心世界,哪里有非常大的信息量可以供你拆解。

2. 朋友圈经营方式

现在越来越多的人选择了"朋友圈三天可见"功能,或者干脆就不发朋友圈了,这背后有诸多复杂的心理原因。但是,事实上,如果我们不矫枉过正的话,频率得当,有所设计的朋友圈经营方式,可以帮我们获得许多意想不到的收益。

(1)好好利用你的头像、封面图和签名档。头像要尽可能积极阳光,可以展示个人特征和亲和力;封面图可以是自己的猫猫狗狗,也可以是工作照,又或者是自己最喜欢的明星,总之,让别人快速找到能和你发生共集的话题;签名档,则比较考验功力了,我见过的两个最有网感的签名档,一个是"你没红过,你不懂",另一个是"你又偷看我朋友圈,是不是喜欢我"。

这两句签名都充分地展示了对方可爱俏皮、幽默风趣的性格,非常值得揣摩和玩味。

(2)频率不宜过高,建议一周3~4次左右。三四条朋友圈,可以充分展示你这一周的主要生活状态,如你工作中比较重要的成就,生活中比较得意的时刻，最认同的事情或者网络热点，以及其他一些琐碎的生活动态，它们可以让你多维度地展示自己，让别人了解你，知道如何接近你，能和你达成什么交易或者合作，找对象的人也可以从中感受出是否能和你产生火花。

不要表现得过于高冷，也不要有事无事就发朋友圈刷屏——分寸的拿捏，也是网感。

（3）有效互动。当别人评论你的朋友圈时，你需要挑选值得你回复的人，然后释放你的善意。同时，你也可以去你喜欢的朋友的动态下，多多评论。光点赞是没有用的，那是单向信号输出，是无效互动，高质量的评论可以体现你对动态主人的关注和走心，幽默或者深刻的评论可以体现出你的能力，如果你实在不知道该怎么做，可以去微博看看那些博主都愿意回复哪些素人粉丝的评论，找找感觉。

（4）小心分组功能的纠纷。现在人们的社会关系越来越复杂，很多人在分享动态的时候喜欢分组。我个人非常不推崇分组，因为，一旦被意想不到的共同好友暴露了你的分组动态，会惹人遐想万千，也会招惹不必要的是非。记住，如果一条动态你只能让有些人看见，有些人不能看见，你干脆就不要发了。

朋友圈早就和微博一样是公开场合了，明星艺人一条朋友圈的动态有时候能成为热搜新闻，也会暴露出许多本不想暴露的隐私，这是运作社交媒体的人该有的自觉和常识。

（5）好好利用你朋友圈的信息。我每次换工作，基本都是通过朋友圈完成的。要么就是有人转发了某招聘帖，要么就是共同好友认识后相互沟通招募。这个圈子很小，你的上司和下属可能都会在你的朋友圈内，因此一定要多阅读他人的讯息，筛选出有价值的信息，寻找商机和合作机会。当然，也可以发朋友圈求助，请他人帮你的忙。任何一个公开的信息都是没有红利的，所以，在被很多人阅读到的朋友圈信息里，都是有信息差的。你的朋友圈越高级，你就越能从中获益。

（6）朋友圈广告投放。现在越来越多的甲方公司开始把目光和预算用在朋友圈上，好友数超过4000人的朋友圈的一条广告的报价在1000~3000元不等，这是一个非常可观的金额，因为朋友圈相对私密和垂直，被大佬们阅读到的可能性也更高。因此，有针对性的投放会使得广告性质更"软"，更容易让人信任。所以，经营好你的朋友圈，这可能会为你带来不菲的收入。

如果一个人的朋友圈乏善可陈，几乎可以断定他没有网感，如果有反例，请来微博找我。

经营朋友圈为什么重要呢？

简单说，就是四个字——第一印象。

微信在国内拥有十亿用户，很多时候，我们认识的新朋友都是我们新加的微信好友。

某种程度上，翻阅你的微信朋友圈，就是新的好友对你的第一印象。

第一印象有多重要呢？你第一次见面留给对方的印象，将长久地留在对方的脑海中。

你第一次见一个人的时候是短发，无论你后来和他有多熟，留多少次长发，你在他心中都已经永久地打上了"短发女孩"这个标签。

你会在你的微信好友心中留下什么样的印象，几乎全是靠朋友圈来经营的。

3.通过朋友圈社交需要学习的技巧

要想通过朋友圈社交快速增长好感值，你需要学习一些小技巧：

（1）人们往往更喜欢"世界上的另一个自己"。很多人会忘记自己说过的话、做过的事，但是，他们会把这些痕迹留在自己的朋友圈、微博等社交媒体上。所以面对完全陌生的人，如果想在第一次见面时就与对方把酒言欢，那你最好先做一些功课，去浏览一遍他在社交媒体上发表的观点，然后将话题引到相关领域，将他的喜好和观点用自己的语言抢先表达出来，对方一定会对你印象深刻，好感倍增。

（2）不要默认对方会欢迎来自你的任何讯息，除非你对他有价值。在新的互联网社交环境内，很多传统的社交礼仪都被淡忘了。比如，逢年过节的拜年短信，（不带红包的那种）已经成为令很多人的交际负担。用"你好""在吗"之类的词做开场白的人，在面对老江湖的时候会被对方在心里打上"不懂事"的标签，因为在现有节奏下，开门见山，说明来意，完整地表达意愿和撬动对方的利益点，是大咖们快速判断是否值得回应的重要素质。

对关系不够亲密的人，直接发送多条微信语音，会被人极度反感。因为语音是典型的自私行为，方便了自己，却会麻烦他人。

（3）朋友圈点赞没什么用，评论才有用。如果你想获得对方的好感，和对方展开互动，仅仅点赞是不够的。只有通过评论提出可行性建议，表示关心，开一些恰到好处的玩笑，才能收获别人的好感。

（4）让别人帮你一点儿小忙，有助于拉近彼此的距离。有些人非常有礼貌，从来都是独善其身，不给别人添麻烦，甚至在别人伸手相助的时候会极力拒绝，深怕欠了别人的人情。但是，有时候，过度地刻意保持距离其实是在不断把人推出自己的交际圈。因为很多人对于靠谱的人际关系的定义是有来有往和好借好还。当然，前提是你很清楚所谓的帮个小忙的定义。

（5）光炫耀自己厉害没用，除非你能给别人带来好处。有些人希望通过展示自己的实力，来获取对方的认同和好感，增进双方的友谊，但是常常事与愿违，反倒给别人留下了爱炫耀、肤浅的印象。你只想着获取对方的认同，却没有表现出不知道我有什么可以帮到你的姿态，当然难以得到别人的好感。

我们学习网感，并不意味着每个人都有机会成为网红或者新媒体行业从业者，但是，在网络世界受人欢迎，一定是21世纪每个人都需要掌握的底层逻辑和能力。

7.3 如何化解网络失语症

每当我建议朋友们开始在社交网络上输出内容的时候,他们就跟我抱怨说:"哎呀,不知道写什么!"他们也不明白为什么我可以每天写那么多字,仿佛有说不完的话。

我连忙摆手道:"你们会这么想,是因为你们没当过我的编辑。"

当然,即使是在博主之中,我的更新频率也是位于中上游的,对于如何解决在网络上不知道输出什么的问题,我颇有心得。就像作家不能等来了灵感才写作一样,要成为一个职业博主,一定要有随时随地进行创作的能力。

1. 搬运是把万能钥匙

我并不是鼓励抄袭、洗稿、侵权等行为,但是,社交网络在非商用的情况下是允许分享、汇编和引用碎片化内容的。当你什么都不会写的时候,可以先从分享开始。比如,去知乎回答你读过的最美的古诗词是什么。这会迫使你搜肠刮肚地去想,如果实在想不出来,可以先分享自己最喜欢的电影桥段和书里的金句——总有这样的话题需要大家拿出自己压箱底的知识。

2. 刻意制造生活的波澜

比如当我在犹豫要不要去一个饭局的时候，我会想到去一趟也许可以挖掘到一些不错的素材，丰富自己的见闻和体验，然后就会迫使自己参与更多的社会活动，帮助自己丰富人生体验，并且更细致地观察和倾听，使得自己的嗅觉更灵敏，也能够让自己领略到更多生活中本来会被忽视的美好。

例如，我会在明明已经招够了应聘岗位时，再多安排两个面试，一来是不要错过任何一个优质的人才，另一个也是抓住一切可以双方交流的机会，有交流就会有经验，有交流就会有火花，读万卷书，行万里路，阅人无数，一定是化解网络失语症的不二法门。

3. 从书评影评开始着手

因为工作的关系，我经常邀约一些没有太多创作经验的大学生撰写书评。我明显地感觉到，在一本接一本的书评撰写过程中，他们的表达能力不断进步。

如果不知道自己该写什么，就从当下最热门的影评、书评开始写起，因为这是一场跨越地域的共同命题作文，你很容易从别人的书评和影评里对比出自己的不足：哎呀，我怎么就没想到这个视角呢？我怎么就没想到用这样的词语来表达这种感情呢？影评还能这样写？原来别人是考究的学院派，要查阅这么多资料才能写出这么详实、走心的影评啊。

这些都是你自己可以从同题作文里感悟出来的技巧和方法，尝试着不断实践它们，你一定会获益颇丰。

4. 不要怕露怯

经常有人告诉我说，我觉得自己在这方面不够专业，怎么有资格和别人分享这些呢？又或者说不知道自己这样表述好不好，怕别人骂自己。一般来讲，几乎所有网红都是伴随着骂声成长起来的——只有久经沙场的人才能真的练出一身硬功夫。

另外，没有人是功成名就后才来分享自己的经验的，不要过度担心。写错了可以删除，写得不好可以改进，但不写就永远得不到反馈，永远不会知道自己到底哪里还需要提高。我特别喜欢以前看新东方英语的宣讲课时，俞敏洪鼓励大家多多开口说英语时用的段子："怕什么，你说得不好，痛苦的又不是你。"

写作亦然。

5. 做一个没有感情的技术流

有些人天生感情不细腻，缺乏表达欲，也没有什么可以输出的价值观，那完全可以做一个技术流，去写数码产品的评测文，或者用理科的逻辑去拆解一些主观的、感性的事件，再或者你可以尝试用设计图、数学公式、做实验等各种理工科的表述方式去表述那些已经被文人用尽了辞藻的事物。

方法有很多，只要你肯迈出第一步，其实根本不存在什么"网络失语症"。

7.4 面试中如何体现你的网感

如果你拥有网感,你会发现,在日常生活和工作中,你能拥有更多的揣测他人心意的能力,并且给出更妥帖的答案,于是我罗列了自己能想到的几款基础问题的有网感的应对方式,希望你在备足了行业业务知识和能力的条件下,不会因为一些技巧性失误而错失机会。

面试之前,要先做好功课。衣着简洁大方,不要迟到,也不用太早。在面试10分钟之前进前台登记即可。

查阅与公司有关的所有新闻,包括公司的历史、发展方向,对于你应聘的岗位,也要事先了解,如果可以的话,甚至可以打听一下面试官的背景。

1.请先简单地介绍一下你自己

你好,我叫××,今年××岁(从这里开始,就不要重复简历上的内容了,面试官会看你的基础信息的,要用最快的速度引起对方兴趣),之前从事××工作。我的优点是……加上对××行业的高度兴趣，我觉得自己可以胜任××相关的运营岗位。贵司是我个人非常喜欢和认可的，所以想来看一看，有没有适合自己的机会。我目前住在××，到这里交通很方便，当然，如果能够顺利入职的话，我也可以搬到公司附近，这些都没有问题（这样说可以表明你很懂事，会配合公司的工作）。

2.为什么想要应聘这个岗位

虽然我很喜欢原来的职业，在工作中很有成就感和价值感，但是这行毕竟××××（提一点儿自己不喜欢的特质，这个特质一定和即将应聘的行业没有相同之处），我以后迟早面临转型，所以希望趁年轻，多跳出"舒适圈"，多学习和锻炼，接受一些新的挑战，让自己的能力发展得更全面和健康。虽然我现在月收入能达到××，来到新公司短期内收入会降低，但是我认为这是值得的，我会看得更远一些，希望自己对这个行业有更加全面的认识。

3.你之前有过相关工作经验吗？/你知道这个岗位要做什么吗？你能胜任吗

我知道自己没有相关的经验，所以我之前做了很多与运营相关的事（在面试之间，你要具备一些基本的运营经验，如果没有机会，就去各种线下活动报名做志愿者），（详细描述一下实习工作内容）在这个过程中，觉得很新鲜，也很有挑战性，而且我也受到了他们的认可，我觉得我还是有这方面的天赋，因为我很擅长统筹、策划、观察、捕捉客户情绪，有很强的共情能力，能够猜到对方是怎么想的。

在我的理解里，运营就是一家餐馆的服务员，要让顾客有好的用餐体验，那在早期可能先要根据大堂经理的要求做好分内工作，等熟悉了以后，就可以自己去做一些设计，比如在墙上贴一些有趣的标语，这是我对运营的理解，也许在熟悉运营工作之后，我还会有更多的想法。不过我知道自己对于一些运营需要的基础软件还不够熟练，比如PPT、EXCEL表格等，我会尽量补足的。我自己也喜欢写日记，所以具备一定的文案功底。

4.你对我们公司了解多少

我知道××是一家非常年轻的公司，靠口碑在用户群体中走红（适用于所有互联网公司的描述）。

后来，我多次看到贵司的产品，也是从那时起，我意识到贵司是一家真正懂用户和年轻人的公司。这和我之前的体验是完全不同的。我非常看好贵司（根据自己做功课的内容做一些阐述），很希望和这样一家公司一起成长。

5.说说你的薪水预期和职业发展规划

我看你们的招聘条件上写的是（自行查阅招聘网站），我毕竟没有运营经验，所以薪酬低一些也是可以接受的，我更看重的是贵司是否有健康的机制去评估我的工作能力，是否会在后期进行调薪。我相信自己只要踏踏实实做好自己的事情，公司是不会亏待我的。而作为新人，抱着来学习的心态，多干点活儿，少拿点钱，也是应该的。我是真的喜欢和向往运营岗位，所以对我来说，机会会更重要一些。

6.关于学历问题

若你的学历有硬伤,不符合对方的招聘标准,却又争取到了面试机会,我建议不要说谎,因为员工入职的时候,所有正规的公司都会验证证书的真伪,所以不要有侥幸心理,实话实说即可。

说完自己的学历,一定要这样跟面试官说:在工作稳定之后,我会自学××相关的专业,提升自己的学历和竞争力,真正为了实践和运用去学习。我相信学习是一辈子的事,它不仅仅是一张毕业证,但是人生毕竟有选择有取舍,现在我只能摸着石头过河。

7.你有什么要问的吗

首先,我很想知道大概多久会收到我是否通过面试的消息,我好去做一些调整和准备。因为我现在手上也有很多工作,希望能够尽早合理安排好后续的交接工作。其次,我想知道×××的发展情况,是否会有经常去北京总部的机会。我也很想了解我的直属上级是什么样的背景和风格,我是否能跟他较好地搭档,帮助他完成他的业绩。(关键点,提出具体的预期既能展示你的积极性,又能真的让你了解到公司的发展方向和部门的地位,这对你未来的发展至关重要。)

8.你有什么缺点

如实回答一些无关痛痒的小毛病,比如英语不好,有点粗心,行业基础比较薄弱等(务必是与岗位基本要求无关,且有办法后期提高和改正的问题)。

你的缺点,一定要与你的职位毫无关系。

上述都是一些常规的面试操作,那么在求职一些追求创意、网感、随机应变能力的特殊岗位时,又该如何体现你是一个有网感的人呢?

你喜欢的博主有哪些?你是否知道你应聘的这家公司所在的行业里,最受人欢迎的头部博主是谁?

前者的问题体现的是你的个人趣味和品位;后者的问题体现的是你对大众趣味和品位的理解。

你在过去半年里看到过的最有网感的广告案例是什么?

你在过去的工作中,做过的最有网感的一件事是什么?

前两天,为了培训部门里成员写出有网感的文案,我提了一个要求:请找出你见过的最好的微博广告文案,列举三种给我,可以是让你看了想购买的,可以是你看了就想转发的,也可以是你愿意参与评论的。

我收到了几种回复:

(1)找出来的是他当下打开微博刷了首页后,觉得自己会多看两眼的微博。

我说:"你再复述一下,我的需求是什么?"

他说:"哦,难道你要问的是我收藏过的案例,而不是现在看到的呀?"

我很奇怪,在不确定我的任务到底是什么的时候,他为什么不和

PART 7　生活中受人欢迎的秘密武器

我确认一下呢？

（2）找出来的是被转发了很多次的热门微博。

我说："你再复述一下，我的需求是什么？"

他念了一遍后，恍然大悟地喃喃自语道："哦，是广告文案啊！"

你看，这就像狗熊掰玉米，捡一根，扔一根。一句话的任务，只截取了一小半，而忽略了另一半。

（3）找出了几个微博广告文案，是介绍去痘神器和脱发仪的。

我说："你再复述一下，我的需求是什么？"

他想了一下，问我："广告怎么会让人想转发和评论呢？发了广告不都是要掉粉的吗？"

你看，这就是脑子里没存货，见识太少的后果，没见过什么叫"又吸粉又吸睛又能带货"的广告。

没有正确地识别领导发布任务的意图，就急于动手，想着赶紧交差了事，是大多数职场新人的通病。如果总是抱着这样的心态，一个人工作时间再长也不会有太大长进。

厉害的职场人从来不是别人教的，都是自己教自己的。比如，我发布的这个需求，正常的解决路径是什么？希望大家能领会到的基本素质是什么？

你的收藏夹里存过吗？

立刻去运营群里问大家最近见过什么厉害的微博广告，不可以吗？

关注过几个广告类公众号？看过他们的案例吗？

平时坐电梯的时候观察和思考过哪些广告可能会有用吗？自己被哪个广告打动过吗？

开会的时候，你有在自己身上推演过别人做的工作吗？

"天助自助者"。网感的积累，来源于生活中一点一滴的思考。只有这样，你才会在遇到这样的问题的时候用正确的逻辑去拆解，有丰富的内存去提交答案，获得一份优异的面试成绩，从此迈入创意思维的大门。

7.5 那些擅长线上沟通的人是怎么做到的

互联网时代，我们的沟通90%以上都是线上沟通，汇报工作、商务合作、好友叙旧甚至谈恋爱都离不开线上沟通，而那些具备网感的人不仅可以在线上沟通中快速搞定商务关系，更是可以在网络的加持下放大个人魅力，轻松维护人际交往圈子。

线上沟通的典型难点在于两个现实生活中没有交集的人，要如何破冰，如何快速了解彼此需求。为此，我专门写过一个段子（见图7-1）：

当你想要进一步认识他人，你该如何开口：

0级：约吗？

1级：在吗？

2级：我是×××，我可以跟你做朋友吗？

3级：你有男朋友吗？

4级：你是什么星座的？

5级：你也喜欢×××啊，有品位（认真研究动态细节作出点评）！

6级：你的狗/猫/兔子/好可爱哦。

7级：最近有个电影很好看，想不想看？我陪你。

8级：你最近头像换得有点频繁，是不是遇到了什么事导致心情不好？（安抚的标准答案：你最近有点"水逆"，过了就好了。）

9级：你头像的风格有点像×××（专业点评）。

10级：你头像的口红颜色很好看。

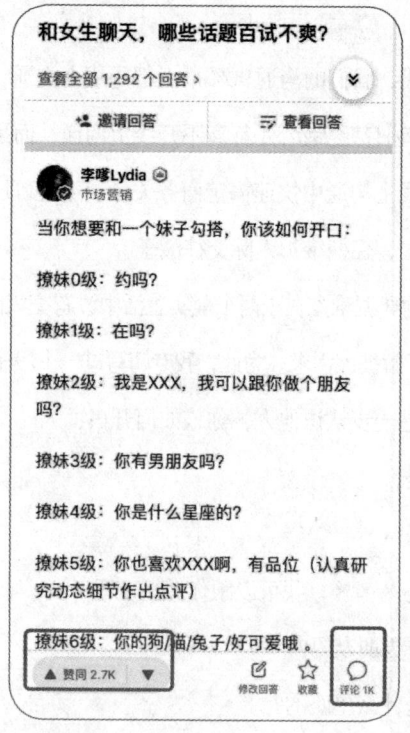

图7-1 截取自知乎问答

我本是开玩笑的，但很多人竟然真的对号入座，去为自己的表现评级,并思考评级是否合理。会有这样的误会可能反映了大家真的对于网络上陌生人的破冰模式是迷惑与笨拙的,而这不仅仅是线上沟通的基础,更是搭建私域流量、社群运营等关键运营技巧的起点。

我想在这里探讨一下,那些在朋友圈里能快速拉建十几个上百人的微信群人精,都是怎么做到的?

1. 善于数据挖掘和分析

擅长线上沟通的人基本都能在短时间内通过微信名猜到对方的真名和生日(因为很多人会用姓名缩写与生日做微信号,加上试图转账时的末尾名字,就能猜到大概了),然后去搜索对方的微博等社交账号,说不定还能找到人人网和QQ号。

知己知彼,才能百战百胜,就像算命先生擅长察言观色一样,聊起天来让你如沐春风的人实际上是揣着明白装糊涂,故意句句都往你的兴趣点去引导,每一句话都正中你的下怀。

2. 极有网感

体现方式就是表情包多半是最新鲜和最受欢迎的,能够极大地提高聊天的愉悦度。

能够在同对方沟通利益攸关的合作时回复一句分寸刚好的玩笑(技术含金量类似于虎扑论坛的神回复)。

能够感应到对方的情绪并且给出富有同理心的分享,比如在对方抱怨工作累的时候能够恰巧找到一些治愈系鸡汤暖心暖胃,比如在对方百无聊赖时能够递送有趣又新鲜的爆笑解说视频。这些行为会显得你又特别又有趣。

3. 分寸恰当

要知道,一天聊8小时或者三天只聊一两句话都会加速一段关系的消亡,如何用恰到好处的频率去处理亲密度,正是线上沟通高手们的拿手好戏,他们通常会拿捏好"沟通时间",在固定的时间段出现,比如线上恋爱的情侣,会在对方下班坐地铁时或睡前的一小时,送上固定性的问候,养成习惯后,关系自然就会迅速白热化。

对于商务合作关系的维护,线上沟通高手们一般会弱化沟通的"严肃度",在不失专业水准的前提下将对方处成兴趣相投的网友,从而让合作事半功倍。

4. 从线上到线下实现闭环

光是在线上有一搭没一搭的聊天是不够的,擅长线上沟通的人总是能创造出得体又自然的线下转化场景,比如正巧发现一个不错的展览,比如正好多抢到了电影节的票,比如正好路过对方的公司就约出来吃个便饭,比如正好擅长摄影的摄影师缺一个模特,这些不唐突的邀请往往会打动对方,给对方留下难以磨灭的印象,进而拉近双方关系。

5. 多倾听,少倾诉

线上沟通高手都善于藏拙,却喜欢引诱出对方袒露心声,暴露弱点,这样容易使对方对自己产生更多的信任和依赖感,同时又能够树立自己的完美形象。

7.6 将生活变成你网络素材的宝库

很多人听说我每天都会全渠道更新,尤其在微博上每天要写四五条原创微博的时候都惊呆了,问我怎么可能有那么多话可写?

其实,要不是担心刷屏太多打扰到了大家,我可能会写更多。

生活这座"宝矿",是上天赐予我们的礼物,一定要好好利用。

我把很多与我趣味相投人拉进了同一个社群,志同道合的人的激烈讨论和有趣视角总能带给我许多灵感和创意。以前作者和记者还要去"采风",现在可以通过互联网轻松地"在线采风",千万不能浪费这样的机会。

在很多时候,写作的产能,就是你自媒体事业发展的发动机,和你的前景与收入有着强有力的正相关。

但不管是做自媒体还是市场营销,创意和素材都会有断层的时候。当灵感断层的时候,有什么好的办法呢?

换个环境,去咖啡店、休息室,或其他任何你觉得环境舒适的地方,喝点饮料,听听音乐,无数经典的创意就是在这种环境下催生出来的。

去顶尖文案网站（http://www.topys.cn）、梅花网等地方获取灵感，多看看别出心裁的案例，寻找创意背后的思路，或者对古典文化、诗词歌赋等经典文学作品进行加工和改造，也不失为一份合格的作品。

深入群众，和目标用户广泛交谈，记录和挖掘他们的核心痛点和诉求，加以升华和锤炼，提炼出一个能够引起广泛共鸣的点，并加以包装。

咖啡因、酒精、烟草、甜品，每个人都有自己的"思维G点"，学会摸索自己的"灵感G点"，在一次次的火花碰撞中寻找共性，训练自己的大脑，让其可以稳定输出，就像股票大作手一样，即使有起伏，赢的希望也比别人大得多。

多跨界，多跳出原有的知识面接触新鲜事物。比如学拳击，听古典音乐，参观科学实验室，拜访老词典编纂名家等。跨界思维的碰撞和融合，会迅速拔高你对原有事物的认知，在看似毫不搭边的事物间寻找结合点，让人耳目一新的创意很容易就会诞生。

我接触过很多同行里的佼佼者，他们基本都有这么几个共同点：兴趣广泛，喜欢玩于社交媒体，圈内人脉广，基础扎实，学历尚可，对新鲜事物有着强烈的好奇心和超强的执行力，打开他们的朋友圈，他们不是在加班，就是在滑雪，参观艺术馆，参加发布会，精力异常旺盛，敢表达，也擅表达。

PART 7　生活中受人欢迎的秘密武器

灵感是练出来的。刀不磨不快，平时一定要善用微博、朋友圈、知乎，我指的并不是阅读别人的碎片化信息，而是自己不停地输出各种东西，包括突然的一则灵感，小伙伴们说的金句，一些不方便的话可以设定为仅自己可见。

对生活素材的二次加工和挖掘，其实就是复述的能力。而复述是一项非常重要的学习技能。

在生活中，我们会不停地思考和接收新鲜信息，如果不记录下来，它们可能会一闪而过，从此消失。备忘录的效率不高，而且多一个APP也不方便。

每当我想写点什么的时候，给我启发最深的常常是我自己的社交账号草稿箱里或者过往的自我剖析。同一件事，晾了三年再看，会有完全不同的看法，这非常奇妙，会让人产生更通透的思考。

还有很多时候，你的公开表达会收获点赞和评论，通过和大家沟通，你会再一次反思自己的思考，这是非常宝贵的成长经验。

也经常有人私信问我，如何提一个对方会回答的问题，太多人由于长期不和外界交流，想交流的时候会感到无从下手。

顺畅交流的能力，是获得网感的基石。

唯有利用好碎片化输出，一遍遍锤炼尝试，才能变成一个善于表达的人。而会表达是一种非常重要的技能。就连在部门会议上，你能不能用一句话将你头脑中的点子说得巧妙而形象，吸引所有人的目光并且镇住全场，都可能是你获取资源，晋升加薪的重要契机。

想知道自己是不是一个有表达能力的人才吗？问自己几个问题：

请立即用20种词汇描述一下好吃的食物；

最亲密的朋友中有多少是灵活机敏型的；

对新的APP、新的剧集、新鲜的网络热梗的研究热情是出于条件反射吗？

你在学生时代是离经叛道的孩子吗？

同一篇作文题，你能想出几种写法？

为了训练部门里其他同事的表达能力，每周我都会抽出一个小时的时间和他们玩儿"你说我猜"的猜词游戏，我还会直接拿综艺节目里的辩题，去让他们一对一直接辩论。

几个月下来，他们进步明显。我常笑着跟他们说，不会吵架是做不好营销的。

网感非一朝一夕就能练成的，长路漫漫，我们一起加油！

网感助你打造个人品牌，
成为网络世界受欢迎的人

PART 8

8.1 把自己当作一款互联网产品来运营

当我们去面试或相亲时，常常要面临一个问题——如何更好地把自己推销出去。

不论是希望被用人单位招纳还是求偶成功，都需要像操盘一个产品运营一样，阐述产品的核心价值，考量客户的需求，并通过一定的运营手段和技巧，促成转化。

用市场的反馈客观地评估自己，会避免无意义的情绪浪费。把自己当成一个产品，不再关心别人是否喜欢我，只关心是否有人愿意为我付费买单，以及如何避免过多联系导致的售后服务过重。

然而，正确地认识自己，不是一件容易的事。要想知道如何评估自己这一款产品，有以下几种方式：

1. 调查法

询问和自己关系最近的几个朋友，询问别人和自己交往最大的利益点是什么，是觉得自己幽默风趣还是老实可靠，抑或是能提供什么帮助，询问的对象要足够亲密，对方的回答要尽可能诚恳。

2. 机器评估法

比如，我在知乎网上写了三年的专栏，知乎运营者和粉丝都误以为我是情感博主或者市场类博主，直到今日头条的运营来签约我并且给我贴上职场标签时，我才惊讶地发现自己是职场博主——因为我最有人气的高赞答案都是和职场相关的，而这却是在我无意识中发生的。所以，大家可以去做一些性格测试，发掘自己真正的标签。

3. 自我检测法

通过个人内心世界的探求，寻找自己的原始动力，以获得对自我的评估，如：什么样的工作是自己愿意在三年内没有收入的情况下坚持尝试的。

4. 恋爱检测法

爱情中的人的状态是最接近真实性格的，卸下伪装后，是自我真实性情的流露和表达，当受到恋人的褒奖、迷恋或者指责时，要注意辨别哪些评价是真实客观的。互联网上的个人行为模式，接近于一对多的虚拟恋爱模式，即博主获得众人的喜爱，并且回馈相应数量的关爱给粉丝，俗称宠粉或撩粉。

所以，你在恋爱中受人喜爱的点，往往就是做博主时受人喜爱的点的放大版本。

认识了自己以后，就要去寻找可以令自己快速增长的业务点或者盈利模式，也就是我们俗称的扬长避短，然而我们大多数人因为传统教育的原因，一直在致力于弥补短板，这就导致了个人产品的全面平庸。当我们树立了个人产品这一观念以后，就更容易去按照三五年的规划去调整自己的个人进阶路径，也更容易获得世俗意义上的受欢迎或者成功的可能。

我们的朋友圈、个人简历、社交圈和恋爱史其实都是运营我们个人产品的应用场景，需要去用心地经营和维系，时时关注对方的反馈和用户体验，不停迭代自己的操作系统，尽可能地使每一个产生社会关系的用户都能够提高用户粘性，增加使用频率，促进消费意愿（即愿意和你产生近一步的交往），最好还能推荐给好友，引入更多的用户和资源。

假设你是一款数据远超他人的互联网产品，并且有着卓尔不群的潜力，那很可能就会有风投联系你，愿意投资入股（即生活中遇到贵人，愿意提携和帮扶），那时，你的人生就会进入快速发展的跑道，获得各种意想不到的机会和资源。

如何让资源和自己的人生碰撞出火花呢？在下一节，我们将一起寻找答案。

8.2 利用朋友圈营销自己，坐等资源与机会找到你

在上一节的内容里，我已经详细阐述了我们该如何发朋友圈，那么在这一节，我要探讨的是如何获取资源。

我们可以视朋友圈为一个面向B端的获客渠道。那么面对企业客户，我们需要做什么呢？

1. 充分展示业务范畴

让别人能一目了然地知道从你这里能获得什么，是非常重要的事，否则别人可能看到你的微信后要思考半天，自己到底为什么会认识你？更不用说达成合作了。所以许多保险经纪或者微商，会在自己的昵称、个性签名、封面头图里下功夫，做一番装饰，当然，有些人可能会看不惯，会挖苦讽刺一番，但是不得不说，真要做生意的话，还是越简单粗暴越好。

2. 定向推销

许多人在开始to B的业务的时候，需要亲自上门拜访客户，与客户加深感情，增强联系，那么当我们看到朋友圈里的潜在客户说出

自己的需求和抱怨的时候，就需要主动迎上去提供必要的支持和帮助，解决别人的问题或者提供情绪价值，都可以帮我们在顾客心里留下良好的印象，当他需要你的服务的时候，自然会第一时间想起你。

3. 展示顾客证言

经常被大家诟病的微商晒单、晒转账记录和对话等，因为多数是伪造出来的，所以就显得很可笑，也被人深恶痛绝，但是如果有真实的案例场景，也要毫不吝啬地展示出来给其他潜在客户看，这能够极大地影响他人的决策。也许真实顾客的某个反馈、某个用词，是你绞尽脑汁也想不出来的触动其他客户的点。所以，做好用户反馈并且充分展示，是朋友圈PR（公关）不可或缺的一环。

4. 关键节点的PR工作

当一个公司获得新一轮的融资的时候，一定会发一通公关稿，一方面是获得较低成本的流量，另一方面也是增强投放的客户的信心，从而觉得这家公司很有实力。同样，我们也需要在朋友圈做一些PR工作，比如在中秋节晒客户送的月饼就是重要的公关工作，别人一看，这个人居然有这么多关系紧密的大客户，应该是靠谱的、厉害的，就更加容易增加合作意愿了。

5. 及时回复评论

每一个评论都是他人对你的善意释放，所以回应就是及时响应他人的善意，是有助于进一步加深彼此的感情的，因此需要有意识地维护，同时，通过顾客有效的反馈，我们还能挖掘出客户感兴趣的点。

6.释放求助信息，寻求他人的帮助

我经常在朋友圈看到他人发布招聘信息后就推送合适的候选人过去，或者有其他人寻找一些相关公司的对接人时，我会顺手拉个群帮助他们互相认识。有时候，在朋友圈释放出这样的求助信息能够帮助我们更快地获得我们需要的资源，当然，适当的好处激励也是必要的，否则拼多多也不会在短时间内迅速霸占大家的微信群。这些原理都是一通百通的。

8.3 运营你的个人品牌，获取你的第一拨种子用户

我们都知道，从0到1是最难的。如何通过运营个人品牌获得第一波种子用户是我们最关心的事。

可以说，任何人的第一拨用户，一定是来自熟人关系，但是熟人也是需要去运营的，没有人是天生应该来为你撑场、站台，支持你的事业第一步的。

我们能做些什么呢？

有一个媒介之前是某创业公司的商务，通过公司逢年过节赠送的日历，成功获取了一批大佬的联系方式，并借着公司礼品的馈赠获得了一些皮毛的顺水人情。

接着，她开始在朋友圈借由"锤子便签"写小作文。她写自己童年的悲惨身世，写自己的原生家庭对自己的伤害，写自己是如何一步一步到北上广来打拼的，写自己遇到过的渣男如何骗走了自己的钱，写自己的容貌和身高缺陷带来的歧视和嘲讽……

说实话，她的文笔很差，放到社交媒体上绝对火不了，但是放到

PART 8　网感助你打造个人品牌，成为网络世界受欢迎的人

一众只关注吃吃喝喝的朋友圈里就显得特别励志，大佬们纷纷被小姑娘的经历打动，愿意伸出援手帮扶一把，有资源的出资源，有流量的出流量。于是，她摇身一变，成了手握2000人脉的资源型人才。

在我们还很弱小的时候，适当地利用自己的弱势唤起他人的同情和鼓励，是撬动第一桶金的强有力的武器。但是，千万不要因此陷入"我弱我有理"的道德绑架误区中——拿捏好分寸，不卑不亢，袒露心扉，以诚相待，才是真正的成功之道。

对于前10个种子用户，我们需要拿出200%的诚意，给别人物超所值的惊喜感，因为只有颠覆式体验才能产生传播冲动，才能让别人口口相传你的优质和特别。就如同送礼一样。

在固定预算范围内选一个最不实用的礼物，比如你有3000元的预算，买一个手机送人和买一把McQueen的伞送人的效果是不一样的。3000元的手机很一般，但3000元的雨伞会让人如获至宝。

你们都有300元的预算，别人都送口红，而要是送一块化妆镜，那在化妆镜这个品类里，你就占据了心智体验的巅峰，因为她很难有机会买一块更贵的化妆镜了。但是，如果你选的是口红，在别人送一支500元的口红之后，你留给她的印象就被覆盖掉了。

对种子客户的服务也是一样的，人家用500元的预算买一篇通稿，而你兢兢业业奋发图强去产出一篇价值1万元的专业稿件，你所付出的努力必然会让更多人看在眼里。

8.4 科学搭建品牌系统，规划你的人生

经费有限的情况下，一个光杆司令如何做好市场部门的事情呢？大公司市场部门的KPI考核的正确思路，又是什么呢？

想必大家都很清楚，创业公司最大的特点就是没钱，没人，没资源，却有着一个美好的未来，有着一条比较有希望的路径，比如看准了市场上某个项目还没有人做，某种红利还可以趁势起来。我们既然要把自己当作一款互联网产品去运营和规划，自然也应该像创业公司搭建市场一样去考量自己的人生规划。

来看一看创业公司是怎样规划市场部的。

在搭建市场部门之前，高管们需要讨论的问题是：

（1）你所创业的领域，目前的现状是什么样的？存在哪些问题？

（2）该领域前景如何？市场规模有多大？有哪些主要的玩家？

（3）该领域面临的机会与挑战是什么？

（4）你的产品/服务定位是什么？

（5）你的产品的最大特点或者核心要素是什么？

(6)你的产品如何解决目前的用户痛点和行业问题？

(7)未来的产品规划是什么？

(8)产品的目标用户群体是谁？有哪些特征？当前用户的痛点是什么？

这些问题可以解决方向问题，即这个盘子能有多大，能往什么方面发展。

而接下来就要考虑比较实际的问题了，即可行性有多大。

你需要想清楚以下几点：

(1)核心团队一共有多少人？团队共有多少人？（一般创业公司A轮的市场部有3个人，B轮超过10人就是超豪华配置了。）

(2)核心团队人员的背景是什么样的？有没有资源和经验上的优势可以撬动。

当然，也可以充分考虑现在和将来的盈利模式。

确定了素材、主题、品牌调性和方向，就要着手准备工作内容了：

(1)规划新媒体策略，搭建新媒体矩阵，整理可用的推广渠道和外部涨粉渠道，选择合适的供应商和营销计划；

(2)参与创业公司的品牌搭建和定调，确定slogan(口号)和VI系统，着手搭建品牌代言人(吉祥物或虚拟人设)；

(3)梳理旗下所有产品和相关资源，以统一的企业价值观和品牌策略将系列产品整合起来；

（4）做好竞品的市场推广策略分析以及最新动态的研究报告；做好差异化定位和对细分精准人群的市场调研，制订相关的品牌策略；

（5）借助项目X、热点、产品策略调整、公关事件等做品牌升级和传播，并定期制造热点事件，影响相关从业者，树立市场口碑和行业地位；

（6）做好公关相关的物料协助和效果监测，沉淀素材库和大事件里程碑记录，对外PR和对内PR双管齐下；

（7）协助和配合创新产品或商业广告团队的客户需求，制订相应的市场推广策略。

预期目标：

（1）经过系统的梳理和运营，确定运营指标，每月增长10%，获取自媒体矩阵的联动，以及业内KOL的关注，申请开通知乎机构账号，对标专业类、教程分发类账号，传递xx意识，教育市场，并借此为创业做好品牌建设；

（2）每月月报定期汇报竞品的市场动作以及相关数据的变化，为创业公司做出相应的应对措施做好背景调查，找到理论依据；

（3）梳理内容方、媒体、投放、广告、品牌等多方的素材需求，探索新的业务模式和合作可能，寻求商业销售部门的业务支持；

（4）每个季度举办一次大型活动，如"引爆火星计划""宇宙无敌射箭手"的公开招募，走进校园脱口秀大赛，等等，通过大型活动和C端用户充分交流,反哺创业者。

所需支持:

(1)创业公司的各种周边整蛊玩具的制作;

(2)创意和品牌定调需要和全市场沟通,并邀请投资机构参与会议,给予协助和建议;

(3)相关新媒体所需的素材、资料,这需要一名设计同学提供支持;

(4)新媒体文案撰写和粉丝运营等,这需要2~3名新媒体运营专员;

(5)舆论监测,社区运营协助,资料收集,资源置换的渠道挖掘,这需要一名市场专员协助;

(6)经费预算,在维护KOL、行业类大号、媒体和广告公司的资源接洽以及举办线上涨粉活动时,均需要一定的市场预算支持。具体费用待定,需要根据具体的项目进行探讨。

而品牌的传播现在一般搭建在线上,线下即使有地铁、分众传媒广告等,也会往线上去引流和实现转化,所以我会详细阐释线上新媒体的运营策略是怎样的。

首先,线上的传播内容基地一定是一个矩阵,不会单一依赖公众号这一唯一的平台,所以我们可以先把能触达的筹码罗列出来:

头部矩阵:主要去建立和打造的账号和平台有哪些?

同步矩阵:只需要分发和同步复制的平台有哪些?

运营原则:

一切以涨粉和提升品牌影响力为导向。

运营策略:

(1) 我个人认为,现在的新媒体没有必要日更,因为用户对订阅号的阅读需求没有那么大,过于频繁的推送会给用户造成阅读负担。做经典的爆款优质长文要远胜于鸡肋的内容。

(2) 将特稿类、故事类、情怀类为主的稿件内容置于头部,这是因为:头部的打开率较高,利用已有粉丝做成自传播的优先级要更高,通知类信息可以作为服务功能,培养有需求的用户的行为习惯,留好入口即可。还可以搭配头条号等向外获取曝光的渠道来增强内容丰富度和影响力,不占用已有用户的信息推送库存。

(3) 搭建投稿渠道,互推合作伙伴,和行业内相关KOL联动。

原因:众多大号急缺原创优质内容,我们可以梳理出一个相对稳定的投稿清单,免费供对方使用。建立互推涨粉机制,这一直是抱团取火的利器。

相对于内容生产,建立庞大的分发机制是重中之重。

(4) 定期做竞品新媒体矩阵的研究报告,取长补短,暂定一周一次,保留截图信息并进行数据分析。

(5) 结合用户运营,充分挖掘UGC内容,有事半功倍的奇效。

PART 8　网感助你打造个人品牌，成为网络世界受欢迎的人

用上文中提到的各个职能对标我们的个人产品，包括设计技能、拍摄技能、社交技能、多平台分发的信息传递技能等都是可以同步的，如何像运作一个创业公司那样去运作我们的个人产品，是需要我们重点考量的事情（见图8-1）。

比如当我要把"我"运营成一个产品的时候，要考虑一句话标签是什么，人设定位是什么，要吸引的粉丝群体是什么样的，我这个品类里做得比较成功的博主是谁？我如何学习和效仿她的路线，并且注意规避她的产品暴露出来的问题。

头像使用什么风格的，从首饰到发型，从服装穿搭到拍摄场景，是否符合我的人设？

我要按照什么样的频率去稳定输出内容，数据怎样？粉丝粘性怎样？

模板累计效果

发行张数	累计领取张数	累计使用张数	累计使用率	累计支付件数
100,000	184	11	5.98%	11

累计支付金额
2,830.25

图8-1　微博推广商品的后台信息

经过一小段时间的带货试水，我检测出我的账号的产品设计、定位、运营数据都是健康的、良好的，可以正常推进。这给了我极大的信心和动力，让我加速推进"我"这个产品的运营发展。

把自己当作公司去运营和维护，你就能够更加系统和明确地知道要如何操作，所以我一直跟大家说我们的工作其实是我们的练兵场，从中操练出一套网感系统后，放在自己身上，迟早会十倍百倍地散发出它的商业价值。

"路漫漫其修远兮"，让我们一起上下求索。

8.5 拥有网络资产，无成本创业的最佳途径

在当今经济形势下，我们已经很难从那些已经形成了稳定供应链的行业中再分一杯羹，互联网或者说移动互联网作为近20年神话涌现最多的领域，是我们实现弯道超车最后的机会，我想，这也是尊敬的读者会对这本书感兴趣的关键原因。

因为这个行业的收入是隐形的，所以我们很难获取大而全的行业信息证明它有多么赚钱。就拿我身边的朋友举例，基本上有2万粉丝的时候，如果全职做自媒体，就可以获得约8000-10 000元的月收入，这和他去找一份工作所获得的报酬是相当的，而当他有了十万粉丝时，收入就相当于大企业的部门总监了。

而凡是拥有百万粉丝的自媒体，无论是哪个平台的，年收入都在500万~1000万元之间，而这些百万粉丝博主，有些可能还不到30岁。

这在以前，是无法想象的。

所以，如果你是一个试图创业或者成就一番事业的赤手空拳的年

轻人，通过搭建网络资产，持续运营个人账号这项互联网产品，可能是最合适的路径。

要实现这些大概分为这几种路径：

1. IP化网红

诸如马伯庸、田浩、河森堡等以强烈的职业标签和图文输出为主的网红，他们的路径更多的是输出自己的出版物版权，售卖版权，或者形成个人品牌，产出互联网付费产品，这就需要博主本人有着强大的标签和人设，以及别具一格的内容产出。

如果不是对自己的输出有着足够的自信，我不建议走这条路，这是金字塔尖的网红，有资格耍脾气，不更新，因为不论他做什么，他的粉丝和市场都会原谅他，只要他能够产生大家需要的内容且不可替代，就足够了。

2. 流量型网红

和流量艺人一样，这样的网红有着短期内吸引大量粉丝和关注的特质与能力，不论是猎奇想博出位的账号，还是公知，抑或是搬运号，我都将它们归为流量型网红，他们的标签化特点不需要非常突出，只要能够取代曾经的地摊杂志和报刊亭刊物即可。

这样的网红大多是靠售卖品牌广告来变现的，因为这样的形式不可追踪转化，也造就了一批虚假流量营销号，通过刷数据等方式骗取甲方的广告费。在2019年下半年，整个行业热钱消失，行业乱象退散，甲方开始关注现金流和转化率的时候，流量型网红的收入开始暴跌，也是情理之中的。

3.带货型网红

这类网红一般以产品评测内容为主，分别分布在穿搭类、美妆类、科技类、汽车类、母婴类等领域。因为他们输出的并不是才华，也不是三观，而是使用体验，这本身就有着极强的带货属性，吸引的也是有相关产品购买意愿的潜在客户群，所以非常容易电商化。

"抖音口红一哥"李佳琦就是美妆导购出身，所以他的内容产出是有着天然的变现基因的。这种网红的生命力要旺盛的多，在任何一个时代都是被市场欢迎和需要的，毕竟，他们的价值是能被市场用真金白银衡量的。

4.职业型网红

这说的不是把网红当职业，而是那些以投资人、互联网分析师和营销专家为职业人设的网红，他们可能不能获得最顶级的流量，毕竟有门槛，有细分领域，但是他们能够直接提供服务，撮合生意。

一个粉丝带来的订单可能会有几万、几十万甚至更多。他们的身份背书就像以前的高级职称，或者享受国家津贴的高知教授，等等，所有在本专业内处于中上游的人都可以尝试一下这个路线，这对于你的发展是有益无害的。

我在"在行"接了一百多单咨询，真正来寻求帮助的只有10%，有20%是想认识我，和我洽谈合作和业务的；还有70%，是想来挖我的。他们都很坦诚地说，一个猎头挖一个互联网大公司的中高级管理层,大概能得到两三万的费用,这笔钱足够他们在均价350元/小时的在行平台花费时间和精力洽谈相关事宜。一个小时内,既能介绍业务,也可以测试对方的硬实力。还有很多人用这个方法约见高管,寻求工作的机会。

上哪里找这么精准的链接渠道,让专业人士从百忙中抽出时间和你好好深谈一场呢?而那些妄想通过一个小时就买到成熟方案的公司,一年后无一例外都倒闭了。同样的工具,在有的人手里是把刀,在有的人手里就是坨废铁。

在理解了看待工具的正确眼光之后,再来看一看这些各显神通的网赚高手是怎么玩的。

(1)微商。你以为微商还在伪造聊天记录,刷屏九宫格吗?这个群体依然还是分为代理制和直营制,等级森严,从引流到成交,根据客单价区域设计,而且各大知名企业的产品都有。

只要你有点名气,有点流量,去好好考察考察供应链,选一款自己心仪的产品,做做贴牌,你就能从中分一杯羹。

不是非要有薛之谦的名气才能开淘宝店,有一千个铁杆粉丝就足够了。

有一个混迹微商圈好几年的朋友跟我说了一句话,让我沉吟了半晌:"很多互联网人,脱离真实世界太久了。真正的社会是什么样子的,人们会对价格敏感,会因为打折疯抢,这些生活在空调下的互联网人真的懂用户需求吗?"

到底谁是主流，谁是非主流，很多时候，我们根本就不清楚，是时候反思了。

（2）平台补贴大战。众所周知，企鹅号、UC大鱼号、头条号、百家号等，都在疯狂砸钱，这么多金矿在闪闪发光，可有几个人亲自试过呢？

我进入到各个平台的官方号、新手论坛和QQ群，想弄清楚他们到底是怎么玩的。

潜伏了半个月后，我刷新了我的认知。

他们是真正地懂用户，接地气，有烟火味的。他们生产一个10万粉的大号，只需要一个月的时间。

想学的人，只要去应聘做写手，半天的时间，包教包会，回头写稿，1000元一篇是底酬，10万+还有奖金。流水化作业，高度专业，百发百中。

知道用户想看什么，就写什么。自己不会写的，就去借鉴、汇编、重整，不能说他们没有价值，要知道，存在即合理。

当我洞察到了社交电商的魅力之后，自己也开始了初步的试水。下面，和大家分享一下我的经验和感受：

（1）除了广告性质外，网红在这个环节里充当的主要是"人形聚划算"一角，因为头部有更强的议价能力，能拿到更多的赠品和折扣，所以大家更愿意无脑买，而不是真的像宣传稿里写的那样仿佛失去理智一样被种草了，消费者们心里门儿清着呢。

网红带货更适合那些对渠道有控价能力,并能保障网红权益的品牌方。

(2)搜索关键词、选品、比价是一件非常消耗精力的极具含金量的技术活,除了一些天生享受购物乐趣的女性以外,对大多数人来说,直接告诉他们买什么好,买了会怎么样,用直观的文字和图片表达出来,是在减少他们的时间成本;决策链越来越短,决策场景越来越直接,这必然是大势所趋。

网感洞察:过把瘾就死 VS 网红常青树

要想红,其实也不是一件特别难的事,难的是一直红。

因为吸引眼球有很多捷径,有很多是游走在监管和法律边缘的,不论是低俗内容、谣言,还是不正确的价值观引导,都有可能葬送一个网红的事业。

关于这一点,我想大家有必要提前打预防针。

(1)红得快不如红得久,笑到最后才能笑得最好。

我们介意的不是草根成名,而是根不正苗不红的草根成名,性、暴力、谣言,在任何国家、任何社会都是蹿红利器,打擦边球不是正途,我们要做正业。要是有人直播唱昆曲、越剧有快手头部网红这么红,春晚可能都会发出橄榄枝。

(2)相关部门的整改行动让我对网络大环境松了一口气,因为谁都不希望自己的孩子沉迷于曾经乌烟瘴气的网络媒体中,我期待着众多既有特色,又具备正能量的网红能够崛起,以幽默轻松的方式传递正确的价值观,而不是整个行业都在比下限。

要想成为网红常青树,一定要把心思都用在正道上,生产符合社会主义核心价值观的优质内容，去满足人民群众日益增长的精神文化需求，而不是一味地媚俗。

除此以外，还需要随着行业的成长不断打磨自己的内容产出能力，不断学习。网感的修炼之路如逆水行舟，不进则退，每一个头部博主都曾因为瓶颈期焦虑到抑郁，我衷心祝愿大家可以轻装上阵，搭建好健康的运营模型，在互联网的康庄大道上快速奔跑，才不会辜负这个时代给我们的馈赠。

附 录

（一）小试牛刀的网感实践

是金子一定会发光的。练习网感就从写文案入手吧，无论是做短视频还是做直播，又或者做一个脱口秀演员，文案能力也是必备的底层能力，更不必说专职输出文字内容了。靠新媒体爆文白手起家实现财务自由的例子不胜枚举，就算是日常工作，小到一封邮件、一份周报、一份年度总结，一个善于写作的人都能够完成得更好，从而脱颖而出，技惊四座。

可是同样是中文，为什么有些人就能妙笔生花，有些人就提笔忘字呢？

天下的道理大致是相通的，我将从3个角度为大家阐述同一个技能原理，如果你一眼就看懂了，恭喜你，你只差行动了；如果你还需要消化，那么说明你的经历太单薄了，看完文章，就按我说的去"搬粮草"吧。

1. 套词[①]**大法**

看过《中国有嘻哈》的人，一定会惊叹于rapper（说唱歌手）们的口才和应变能力，他们总能够创作出让人耳目一新的歌词，甚至还能五个人接连演唱。你猜他们为什么会这样优秀，是因为他们很有天赋吗？

不是的，是因为他们会"套词"，即选手们将自己之前创作好的词，搬到比赛现场，稍加改变，或者原封不动地放到新的节奏里去演绎。如果只是傻愣愣地当场想词，那谁出彩的可能性更高，就可想而知了。

这给我们的启发是，要想在机会来临的时候抓住它，在日常生活中，就要不懈怠地坚持创作，积累足够的语料，对日常的灵感小火花精心记录和包装。

2. 拳不离手，曲不离口

我最近半年一直在学习拳击，跟大家的刻板印象不同的是，拳击完全不是仅靠蛮力的粗野运动，而是依靠节奏、策略、灵活性和闪避技巧等的绅士运动。真正到打比赛的时候，对战双方都是同一个重量级的，所以几乎不存在谁更有力气，谁更有优势的说法。那么比的是什么呢？比的就是条件反射下的肌肉记忆。

本来我以为这应该算是武术的一种，教练应该每节课都教会我一

[①] 你是不是在套词，2017年网络流行语，字面意思质疑选手套用别人的歌词，也就是侵犯别人的著作权。这句话常用来Diss那些盗用别人作品的作者。

些招数和组合套路，就像金庸小说里的九阴白骨爪、铁砂掌之类的武功。但我学了半年了，每次练的都是1234四个最基本的出拳动作。

别看这四个动作学起来简单，但你一上擂台可能就变成"王八拳"①了。而真正有效的进攻来自于脚底的发力和转胯，以及比别人多0.1秒的反应速度。

我们在写高考作文的时候，觉得是在戴着镣铐跳舞，扼杀了自己的创造性，但是看一看现在的爆款文章，它们无论是从结构、长度、起承转合，还是论据的卡点，是不是都和高考作文惊人相似呢？

很简单，因为爆文套用的往往是被自媒体人摸索出来的，最符合当下人习惯的万能模版。熟练掌握这一模版，等下次再有新闻热点爆出时，你就是最有可能创造出有爆款相的文章的人。

找到你最喜欢的自媒体人写的经典文章，像庖丁解牛一样拆解它的布局和构造，模仿借鉴，锻炼自己的写作能力。无所谓题材，哪怕是写一盘草头圈子的做法，也可以写出令人读来饶有趣味的习作。

3.达·芬奇画鸡蛋

达·芬奇画鸡蛋的故事，我想大家都听说过，但这可不是骗幼儿园小朋友的鸡汤故事。随便拿个纸笔画一下就知道了，有的人画出来的是零蛋，有的人画出来就像个真鸡蛋。

---

① 王八拳是一种谑称，指四肢生物，包括人类天生会的一种本能打斗方式，男女都会，老少皆宜。

想要练习写作的你，请扪心自问，在平时工作中发微信时，能做到语句简洁有力，流畅准确吗？和人开玩笑时，能做到尺寸得当，一语双关，幽默有趣吗？平时写方案时，有过从作品的角度去思考如何谋篇布局使得详略得当，精确地传达你的重点和次重点吗？

我们不可能拿出学生时代的精力和时间去练习自己的写作技能，而日常所有表达的机会，都是我们"画鸡蛋"的时刻啊。有时候，在微信群里看到某个人的奇思妙语，精彩言论，你有没有像饥渴的鲨鱼一样扑上去好好琢磨，点击收藏，并时不时拿出来细细品味学习呢？你不画蛋，又不偷蛋，关键时刻怎么能下蛋呢？

看到这里，如果你还是一筹莫展，不知道从何下手的话，那你的问题就在于你既不看《中国有嘻哈》，也不打拳；既不学画画，也不看B站；家里没有猫，邻居也不做饭，生活太单调啦！怎么能又要马儿跑，又要马儿不吃草呢？拥抱这个美好的花花世界，去汲取阳光、水和新鲜空气。从今天开始，从140个字的微博或者豆瓣广播甚至朋友圈开始写起，不要让你的手忘记敲打字符的感觉！

（二）请查收一份硬核技能包

感谢大家能阅读到这里！在这个速食时代，能好好地阅读一本书并且读完它，是一件了不起的事，也是让一名文字工作者感动和欣慰的事。

为了回馈你们，我将奉上我的压箱底宝贝，公开我私藏的关注列表和网站。我和其中大部分的博主互不相识,彼此间也没有一丝一毫的利益关系,我对他们现实生活中的人格也一无所知。但我从她们的文字里汲取到了足够的营养,这一点就足够了。

希望你们也能按图索骥,从中挖到属于你们自己的宝藏:

1. 微博用户

@人五_

@升值计

@胡宾果Bingo

@_恶魔奶爸_

@阿祖Zumret

@朱一旦的枯燥生活

@男闺蜜尚淼

@西山人质

@蒋弄臣

@衣锦夜行的燕公子

@就是曼仔

@辣目洋子

@毕导THU

@伊利达雷之怒

@偷听bot

@风中的厂长

@VicodinXYZ

@陈生大王

@旺仔俱乐部

@G僧东

@赵皓阳-Moonfans

@史炎nacl

@河森堡

@祝佳音

@tango2010

@顾扯淡

2.微信公众号

不会画出版社

半佛仙人

雕爷

饭统戴老板

负波普

公路商店

互联网指北

互联网翻车指南

皇太极在纽约

姜茶茶

匡扶摇

没药花园

山河小岁月

为你写一个故事

小声比比

3. 抖音

浪胃仙

李佳琦 Austin

末那大叔

多余和毛毛姐

黑脸 V

papi 酱

费启鸣

小红书、知乎、淘宝直播等其他平台的博主，暂时不纳入列表，因为这些平台中最具有网感的内容往往来源于他们的官方推荐，而不是单一博主的稳定输出，而 B 站账号很多都包含在微博名单里了。

如果你看过我的第一本书《全栈市场人》，会发现我在这本书里提供的名单和那一本书里的已经完全不一样了。

因为学习如何做运营需要的是初阶的教程和基本的认知，而学习拥有网感则需要更深一层的悟性。所以，我分享的账号里，很难被总结和归纳出到底要怎样阅读这些账号长期输送的内容，以及到底如何训练网感。

他们并不都是同一种类型的，也不是专门提供热点创意的。他们的产出五花八门，千奇百怪，但是总有一些火花点燃了流量，至于那簇火花是什么，你们需要自己体会。

4.常用的网站

飞瓜数据

新榜

站酷

虎嗅

TOPYS|全球顶尖创意分享平台

知乎

微博

5.网红必备软件

淘宝联盟

剪映

黄油相机

广告门

哔哩哔哩

Facetune

后记

《网感：在网络世界受人欢迎的基本能力》这本书，本应该是我的第一本书。当时，我正在拉勾网做"中关村一姐"，突然有一位年轻的编辑找到了我，邀我出书。那时候，我的第一反应就是，写一本有关网感的书，但后来因为种种原因，出版计划搁浅了，于是我改和人民邮电出版社合作出版了《全栈市场人》。

但是，我心里一直惦念着网感这个IP，五年来，我无数次在各种场合听到大家提到这个词，许多人也问过我，网感到底是什么，它从哪里来。系统且完整地去阐述它的念头一直在我脑海里，久久无法散去。

如今，在编辑和出版公司的帮助下，它姗姗来迟，又羞涩万分。因为今天的我，早已没有了五年前初生牛犊不怕虎的冲劲儿，我深知自己还无法完整地驾驭它，只能抛砖引玉，以自己的一点儿实践，和大家分享我对它的看法。

在工作中，我一直很苦恼，到底为什么同一个岗位的人才区别会有一条如此清晰的分水岭？立在这条分水岭两边的人，可能学历、智商、成长环境和外表都不相上下，又究竟是什么制约了一些基础不错的人进一步成长为能独当一面的市场部员工呢？

我琢磨了五年，答案就是"网感"。如何系统性地帮助更多人拥有网感，是我日常最主要的管理工作，希望我的这本管理日志，能成为真正意义上的《全栈市场人》的进阶版，能够让我的读者和我一起成长为一个优秀的市场人。

这本《网感：在网络世界受人欢迎的基本能力》是我真正意义上的代表作，我将它献给你们，也献给我自己，我的人生因为社交网络获得了第二次成长，同时，我也为它付出了很多心血——这段时间里，我没有娱乐，与世隔绝，每一分每一秒都在与网感相伴，努力工作，这是我最认真的一次答卷。

希望看完这本书的朋友们能真正实践起来，成为我更加强有力的对手，激发我的斗志，让我不再故步自封。在受人欢迎的影响力之巅，我们一定会相见。